U0924438

水鄉翡玉

張璧的故事

徐少平 著

▷ 大学时代的张璧

▷ 张璧的化学老师钱梅度与丈夫沈佩斌老师

▷ 1999 年张璧与父母及家人

/ 01

/ 02

▷ **/01** 吴堡中学 74 届全体师生合影

▷ **/02** 与中学校长田恩奎及同学丁绍斌合影

/ 01

/ 02

▷ **/01** 高中部分男同学

▷ **/02** 与胞弟张灿及高中同学张岚在泰州梅兰芳公园

大连外国语学院出国留学人员

/ 01

/ 02

▷ /01 大连日语培训班大合影

▷ /02 1981 年与大学同学在镇江

▷ /03 1981 年在大连外国语学院参加日语培训

第一期研究生结业合影 1982.8.28.

/ 03

/ 01

/ 02

/ 03

/ 04

▷ **/01** 2014 年与王春明夫妇在大连

▷ **/02** 2015 年与妻子余昕在大连瓜皮岛

▷ **/03** 在大西洋冲浪

▷ **/04** 张璧教授在美国康涅狄格大学办公室

/ 01

/ 02

▷ **/01** 张璧曾经住过的高中学生宿舍及上课钟

▷ **/02** 于 2019 年在原址上翻建的张璧故居

/ 01

/ 02

/ 03

/ 04

▷ **/01** 张璧参加生产劳动时玩过的石磙子

▷ **/02** 青年张璧用过的鱼篓

▷ **/03** 先祖张衮油坊用过的大石磨，现铺在花六庄西码头

▷ **/04** 村东边的卤汀河，古称官河

/ 01

/ 02

▷ **/01** 卤汀河流经花彭村中夹河

▷ **/02** 位于扬州最东方（花六庄）的晨曦

/ 01

/ 02

▷ **/01** 2002 年与日本导师西本廉和、吉川昌范在一起

▷ **/02** 2002 年与孩子们在大西洋海滩

/ 01

/ 02

/ 03

▷ **/01** 2014 年与大学同学在大连

▷ **/02** 2017 年 7 月在桂林漓江

▷ **/03** 2017 年秋天在南科大参加马拉松比赛

/ 01

/ 02

▷ **/01** 2019 年 12 月西湖论剑授剑仪式

▷ **/02** 2019 年回家乡花彭村为青年学子做讲座

▷ 2020 年参加并主持第十二届“西湖论剑——国际精密制造学术会议”

八方辐辏 产
五达砥平 车
横批：
第十二届西湖论剑
中国·杭州

研政众侠论剑
磨抛融合创新
兴中华

/ 01

/ 02

▷ **/01** 2020 年参加中东 20 多国大学校长会议并作主题报告

▷ **/02** 2017 年 9 月赴阿根廷参加全球工学院院长会议

/ 01

/ 02

▷ **/01** 2002 年，张璧在湖南大学给科技部领导介绍科研工作

▷ **/02** 2021 年 5 月在家乡小纪镇为年轻干部讲座并交流

/ 01

/ 02

▷ **/01** 2020 年在乡村干部陪同下察看村庄建设

▷ **/02** 2021 年与本书作者在南科大张璧办公室

/ 01

/ 02

▷ **/01** 出席“2016 年湘潭大学第二十一届研究生学术文化节”，并作主旨演讲，与郑院长及恩师樊荣茂合影

▷ **/02** 2009 年在郑州与前辈同事合影

捐赠证书

尊敬的 张璧：　　　　大工捐字2021第001号

感谢您对大连理工大学教育事业做出的贡献，

为 张璧奖学金 项目捐赠壹拾万元。

谨呈证书，以兹永志。

Appreciate your contributions to education of Dalian University of Technology. We are honored to award you a certificate in order to express our thanks.

辽宁省大连理工大学教育发展基金会

2021年 月 日

▷ **/01** 大连理工大学的捐赠证书

Org. No. 802503-6784
Gammalkilsvägen 18
Ulrika 590 53, SWEDEN
www.iaamonline.org

Certificate Number
IAAM/AL-77/10-20

This is to Certify that

Bi Zhang

Southern University of Sience and Technology, China

has been honored with

IAAM Scientist Award

and delivered lecture on

"The "Skin-Effect" of Machining-Induced Damage in High-Speed Machining"

in the

Advanced Materials Lecture Series 2020.

Date of Lecture
13 October 2020

Place and Country
Ulrika, Sweden

This certificate is issued subjected to the By-Laws of organization for strengthening the Materials Science, Engineering and Technology.

▷ **/02** 国际先进材料学会颁发的科学家奖（2020 年全球仅 4 名科学家获奖）

The International Academy for Production Engineering

elected

Bi Zhang

Fellow of CIRP

on 28 August 2010

The President,
Gerry Byrne

The Secretary General,
Didier Dumur

▷ **/03** CIRP Fellow 证书

张璧

学术论文选集

▷ **/04** 学生将张璧教授的论文整理成书

/ 01

/ 02

▷ **/01** 2007 年在美国康涅狄格大学与同事在一起

▷ **/02** 与学生在一起

/ 01

/ 02

▷ **/01** 2021 年在深圳与课题组成员骑行

▷ **/02** 在美国康涅狄格大学跟课题组合影

▷ 2022 年在南方科技大学工学院与课题组共庆教师节、中秋节

序　一

《水乡冠玉》一书介绍了张璧如何从一个穷乡僻壤的普通农村孩子成长为知名大学教授、国际顶级机械制造领域专家的经历。

在追求人生目标的过程中，张璧始终笃志好学、求真务实、知行合一。

少年张璧目睹农民种田的艰辛后，怀揣着“农机梦”，一心想学习农业机械技术，以便将农民从“面朝泥土背朝天，弯腰驼背几千年”的传统落后的农业劳动中解放出来。此后，他一生都在努力践行。

青年张璧最喜欢的名言是“读万卷书，行万里路”。他赴东瀛留学，到西洋深造，对这句话有了更深的领悟：读万卷书不易，行万里路更难。他不唯书，只唯实，认为书中的谬误需要行万里路去逐一验证，去伪存真。

中年张璧不断追求科技创新，勤奋务实。在指导青年教师与研究生方面，他既注重知识传授，手把手地指导学生做实验、撰写研究论文，帮助他们快速成长，又注重陶冶他们的家国情怀，使他们树立科技报国的志向，受到青年教师与研究生们的尊敬与爱戴。

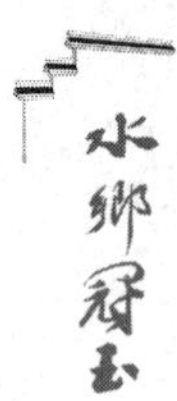

张璧给人乐观、自信、精干的印象。他不忘初心，秉持运动不可一日或缺的理念，从年轻时起就坚持锻炼，几十年如一日，而且各种运动轮流进行，这既陶冶了情操，愉悦了身心，又提高了工作效率，还可以延长健康的工作年龄。

呈现在读者面前的这本《水乡冠玉》，作者以平实的语言，通过一个个小故事塑造了丰满而独特的人物形象，颇显作者对传主、同乡的深情以及驾驭素材的能力和写作功底。

郭东明

大连理工大学校长、教授

中国工程院院士

2022 年 4 月 5 日

序　二

张璧：一位把命运攥在自己手里的人

陈跃红

在南方科技大学，我和张璧教授是邻居，同住教师公寓5栋，但是，我们的最初认识却是在学校的大沙河畔。

南科大的校园之美，就连我这曾经见识过许多中外大学校园的人也要不禁赞叹！十二年前，深圳市把南山区这三千亩寸土寸金、价值堪比硅谷的土地用来办一所新型科技大学，足见政府的超前眼光。光是拆迁福光村等几个村子和数十座电子工厂就花了60多亿元人民币，更别说陆续投入的几百亿建设和运行资金了。当我们这些来自世界各地的教师陆续来到这座学校的时候，呈现在面前的已经是一座由九山一水构成的全新现代化校园。住在这校园里，教学科研之余，日常的休闲、运动和思考，除了去遍植荔枝林的大小湖畔公园和步道公园之外，最吸引人的去处，绝对要数以两公里长度蜿蜒穿越校园而过的大沙河了，这是国内大多大学校园难得见到的极美景观。两岸山水林间，一年四季草长莺飞，河道里白鹳与苍鹭穿梭交汇，盛开的白山茶、淡红的风铃木、火红的木棉花，还有缀满校园的勒杜鹃，交相映衬在绿树和风格各异的楼宇之间，2020年前就已经被评为中国十大最美校园了！我喜欢晚上到河畔疾走锻炼，顺便思考，每天一万步，坚持至今。河畔栈道之间，很多时候我都会见到一对教师夫妇一身运动装打扮，走路带着呼呼风声与我擦身而过，精神头十足，风雨酷暑，很少中断。一来二去，大家遇见了自然就点头招呼，很快发现竟然都住在一栋楼里，于是就成了朋友，他们就是张璧夫妇。

当然，我很快也就知道，张璧教授是江苏人，曾经留学日本，后来任教美国，前些年作为讲席教授引进南科大工学院，现任南科大工学院副院长、机械与能源工程系讲席教授。生活就是这么奇妙，所谓人生无缘不相逢。张璧的专业是机械工程，尤其擅长超高速精密加工，而我虽是文人，却是出身于三代机械工人世家，祖父和父亲一代都是这一领域的行家，于机械工程的车钳刨铣焊无一不通，我父亲还是8级钳工，高级技师，技术革新能手，在三线工厂做过机修车间主任和设备科长。耳濡目染，我对这个行当也略知一二，于是我们便有了专业的共同语言。加之张璧老师在工学院管教学，我在人文学院也抓教学，而且我们俩都是南科大教学工作委员会的委员，每个月都要在一起开会议事，我们又都是属于那种接受岗位就必然认真履职之人，绝不尸位素餐，因此在会议上，我们俩的言论建议总是有来有往，成为会议一景。加上张璧教授对贵州茅台镇的酱香型酒有特别的爱好，而我作为贵州人，对茅台酱香酒不仅情有独钟且小有品鉴能力，在深圳的某些酱香酒品鉴擂台拿过冠军，于是我们就成了酒友。同事关系做到这个份上，不做朋友还真是不行了！

前些日子，张璧把故乡友人写他的书《水乡冠玉：张璧的故事》转给我看，希望我给点建议，或者顺手写个序啥的。建议我一时真是没法提，写个序倒是愿意一试，不仅仅由于我们是朋友，更是因为我们50后这一代人的生活、学习以及奋斗的经历实在是太相似了！写张璧，在某种意义上，其实就是在记录整整一代人！我读这本张璧的传记著述，有时候觉得无形中就是在映射我自己。

读这本传记，我最大的感受就是，这是一个从少年时代开始，就始终把命运攥在自己手里的人。出生于江苏扬州水乡的张璧，和那个时代多数农村孩子一样，生活并没有给他特别的眷顾，而是赋予他为谋生而不断与社会搏斗的能力。这个“追风少年”从小就食肠巨大，能吃也能干，不信邪，不怕苦，天天爬危桥上学，时不时跳深水采菱角、抓塘鱼，啥都敢干，从小练就一副好身板和敢闯敢试的性格。小小少年务农就是全劳力，脱砖坯会动脑子革新工具，同样的时间比别人多完成一倍。读书肯下功夫，成绩优秀不说，还主动帮助同学。高中毕业无工作机会，回乡务农他也绝不就此躺平，完全不懂机械的他，很快就把村里第一台手扶拖拉机驾驭得顺顺溜溜。有机会做了民办代课教师，很快就是县里的优秀模范教师。说实话，命运从来都不会随意眷顾任意的某个人，所谓天上不会掉下馅饼，只有那种敢于提前掐住命运的喉咙、把命运紧紧攥在手里的角

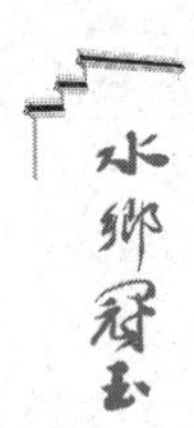

色，命运才会真正眷顾你这个人。从少年到青年，在艰苦环境中磨砺自己，这就是张璧。

终于，1977 年那场改变无数人命运的高考到来，在 570 万竞争者当中，时代眷顾了始终敢于掐住命运喉咙的张璧，当然，也眷顾了我，所以我们都是 77 级出身。张璧多年的积累一时爆发，通过考试成为被录取的 4.7% 幸运儿之一，顺利进入了镇江农机学院学习，可谓“星垂平野阔，月涌大江流”，从此开启了他人生的迅疾上升旅程。当年 77 级这 27 万大学生，被社会誉为十年文革摔打淘洗后脱颖而出的人中骄子，多数人本科毕业后即走上工作岗位，此后 40 年陆续都成为改革开放的精英群体，至今许多人还身负重任，为国家民族努力奉献。但张璧却没有就此止步，只要机遇降临，他就会继续往更高峰冲刺。本科毕业前夕竟然撞上了报考出国研究生的机遇，张璧以优异的成绩考取了教育部委托浙江大学招收的文革之后首批出国研究生，成为当年全国机械制造方向 105 名考生中录取的 5 名出国研究生之一，也是当年镇江农机学院 600 多名大学毕业生中唯一考取的出国研究生，被国家保送公费出国，前往日本东京工业大学机械工程系学习。学日语，拼专业，五年拿下硕士和博士，取得制造大国日本精密制造的真经并有了自己的未来研究方向。毕业后，张璧毫不犹豫地回到上海交通大学做博士后，然后就是任教工作，报效国家。然而，当美国大学该领域顶级教授看中他的创新性论文而邀请他去美国做博士后研究员的时候，他毫不犹豫地放下国内升迁的机会，于1990年赴美国俄克拉荷马州立大学从事博士后研究员。这里有一点尤其要指出，也即张璧与许多留学人员的不同之处。20世纪末，多数人留学获得博士毕业归来，在国内的待遇和机遇都十分不错，许多人也就这样一直做下去了。而张璧却不同，在日本拿到学位回来之后，一旦命运给予机会，他立刻又到地球那一边的美国去吃苦深造了，期间各种遭遇我们在传记中多处可以见到，这里不用赘述。他这是为什么呢？毫无疑问，他有自己的理想，要挑战自己的命运，他希望同时掌握东西方顶尖大学的学科专业知识，站到这个学科的塔尖上去，于是，便义无反顾地踏上了赴北美的漫漫征途。

就这样，在俄克拉荷马州立大学结束研究工作之后，他被录用到康涅狄格大学机械工程系做助理教授，然后一做就将近20年，做到了终身副教授和终身正教授，同时兼任精密机床研究中心主任、本科教学主任、管理与制造工程学科主任等职。他还当选为国际生产工程院院士、美国机械工程师协会会士。其间，他还获聘“教育部特聘教授”、“国家特聘专家”、“辽宁重大装备制造协同创新中心”精密与特种加工团队负责人等职务。6年东瀛，20年北美，求学，工作，终于成为该领域世界级精密制造和极端制造为数不多的专家，实现了从一个江南水乡农村娃到机械制造领域顶级科学家的凤凰涅槃，命运真的被他牢牢地掌握在了自己手里。

2017年6月，张璧受南方科技大学校长陈十一院士邀请，满怀参与建设一所中国人自己的全新创新型科技大学的理想，一路向南，来到深圳的塘朗山下，担任南方科技大学工学院副院长、机械与能源工程系的讲席教授，主攻极端制造领域的超高速加工技术这一国内急需、国外掐我国机械工业脖子的技术方向，于是也就有了我们在大沙河畔的相识和相知。

我曾经几次向张璧教授请教这一技术方向的奥秘所在，他耐心地告诉我，超高速加工技术是通过提高加工速度改变材料的可加工性，也就是设法将“难加工材料”变成“易加工材料”来进行加工，这是机械加工技术的多年难题，突破它就是一项世界级的原创性技术。超高速加工速度比传统加工速度要快10倍以上，从而使得在超高速加工过程中材料来不及变形就被切除、被加工了。这些年，张璧的团队在研究中发现，加工速度超过每小时700公里时，“难加工材料”的所谓“难加工”特性就会自然消失，材料加工于是“转难为易”。例如，被喻为工业“口香糖”的钛合金，在加工过程中会像口香糖粘牙似的“粘刀”，也就是黏住加工刀具，形成“切屑瘤”，这就是典型的“难加工材料”。但当加工速度上升到临界值之后，钛合金不再“粘刀”，更不会出现“工件烧伤”等传统加工中常见的问题。张璧团队在国际顶级期刊《极端制造》上先后发表了超高速加工“材料脆化”理论与加工“损伤趋肤”理论，阐明了材料加工中诱发加工性能转变的必要速度条件。“材料脆化”理论指出：在材料加工过程中，加工速度（应变率）达到或超过一个临界值时，材料变脆。“损伤趋肤”理论认为：加工对工件表面造成的损伤深度随着加工速度的提高而减小，反之亦然。遵循这两个理论，材料加工就会如“庖丁解牛”一样容易。基于这一创新原理的超高速加工技术有望彻底解决长期困扰全世界的加工难题，给“难加工材料”的高质高效加工带来一场革命，而被誉为“工业母机”的超高速机床则有望成为突破“难加工材料”加工困境的利器。未来许多行业生态也将因此发生变化，出现若干快速增长的新领域，从而改变现有的商业模式，促进制造业升级换代。作为有一点点机械加工常识的我，顿时也就明白了这一由基础理论创新到实践应用突破的技术创新的价值意义。大国智造，精密制造，要突破“卡脖子”的技术瓶颈，就是这样一步一步地去实现的。好个张璧，26 年的东瀛和北美艰难取经，终于有望实现自己的创新理想了。

2019 年，张璧获得《极端制造》国际期刊杰出贡献奖。2020 年 5 月入选美国斯坦福大学“全球前 2% 顶尖科学家”榜单，同年 10 月，获得国际先进材料协会科学家奖。据我知道，他成为俄罗斯工程院士已经指日可待，该工程院已经在向他伸出橄榄枝，我真心希望他早日了却这一心愿。当然，我更希望他在中国深圳这块土地上，在南科大这座校园里，在工业极端制造领域做出突破性的成就，以不负他求学东西两个制造大国、几十年与命运搏斗的努力，也希望他能够早日获得领先世界的

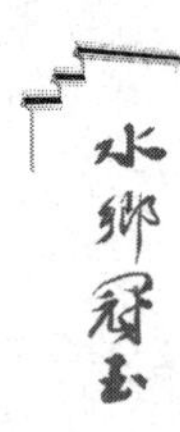

突破性成果，为中国人争口气！未来做出更大的成就。

如果这篇文字也算书序的话，这也就是我对张璧教授的兔年祝福了！

2023 年 1 月 16 日于大沙河畔公寓

作者简介：

陈跃红，现任南方科技大学讲席教授、人文社会科学学院院长、全球城市文明典范研究院副院长等职。历任北京大学教授、博士生导师、北大中文系主任（2012–2016）、北大校务委员、国家社科重大项目“国民语文能力研究暨测试系统分类建设”首席专家。先后兼任中国国家图书馆“文津讲坛”特聘教授、香港大学访问学者、澳门大学短期讲座教授、台湾实践大学客座教授，以及韩国国立忠南大学交换教授、荷兰莱顿大学访问学者等。担任中国比较文学学会副会长、《比较文学与世界文学》杂志主编、《中国比较文学》和《国际比较文学》杂志编委、《深圳社会科学》顾问等。

序　三

我与传主张璧相识已整整四十五载。他小我七岁，是我江苏扬州的老乡。1977 年初春，我从镇江农业机械学院（今江苏大学）毕业，留校担任“77 届农业机械工程系”两个班的电工学课程助教。他们是我国恢复高考后的第一届莘莘学子，具有划时代的意义。两个班共六十名学生，年龄相差较大。传主张璧，作为一个从扬州乡村来的学子，刚开始并没有引起我太多的注意。渐渐地，他一丝不苟的学习态度、书写整洁的作业、辅导课上干净利落的回答、举一反三与追根溯源式的提问，以及在上“工业电子实验课”时的严谨认真、条理清晰的操作步骤，都深深吸引了我，让我不得不对他刮目相看！从那之后，我开始关注这位来自扬州乡村的小老乡。

1978 年夏，赤日炎炎 ，蝉声阵阵，中午更是酷热难耐，学生大多会午休。为不影响同宿舍的同学休息，张璧来到学校教学楼前树荫下的露天草坪，手持一个饭盒大小的盒式磁带收录机，认真收听上海广播电台的《日语教学广播》（日语是他当时自学的第二外语，学校并没有要求）。我被这位苏北小老乡的勤奋好学精神深深感动。

从那之后，我对他甚至有点儿“偏爱”了。在他毕业前复

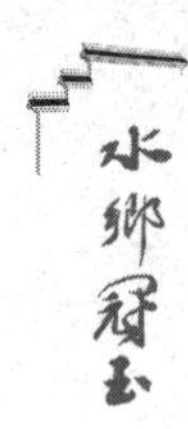

习应考国家公派留学生最紧张的时刻，我利用工作之便，常邀他来我办公室学习，以便给他提供一个相对安静的环境。我备课、批改作业，他复习应考，我们俩互不干扰。

其间还发生了一件“观摩反幕电影”的励志趣事。在平日晚上，我俩可以不受干扰地在办公室里备课、复习，但一到周末学校放电影的时候则不方便了。因为当时的镇江农业机械学院没有影剧院，全院两千余名师生只能在学校动力楼与实验楼中间的广场上观看露天电影。我的办公室正巧在其中一栋楼的三楼，窗户正对着下面这个“全校师生露天电影放映场”的幕布，办公室的灯光会直接影响到露天电影的观看效果。因此，每逢这个时段，我和他又都舍不得休息，唯有关闭灯光，静静地伏在窗台边，一起观看“反幕电影”。这成了我俩日后回忆往事的一段趣谈。

时光荏苒，几十年来，我跟他一直保持着良好的师生友谊，也关注着他日后在国外求学路上的成功与周折、喜乐与磨砺。从他被浙江大学录取，成为首届公派留学生，到去大连外国语学院“日语培训班”学习，后赴日本留学取得硕士和博士学位，再回国去上海交通大学攻读博士后，其后又赴美继续深造，并在美国康涅狄格大学任教，获得该校“终身教授”职位，尤其是多年后，他在精密制造研究方向上成果颇丰、蜚声海内外，直至成为生产工程领域的世界顶级专家、斯坦福全球 2% 顶尖科学家，他拥有了一个又一个令人炫目的光环，我则像一位兄长一样默默地关注着他，又似一位忠实的观众，分享他的喜悦和成功，为他喝彩，为他加油！

多年来，他一直怀着一颗报效祖国的赤子之心。自2001年起，他先后回国担任教育部湖南大学特聘教授、科技部国家高效磨削工程技术研究中心总工程师、大连理工大学国家特聘专家以及南方科技大学讲席教授和工学院副院长。他持续在精密制造领域奋力拼搏，为祖国培养高端人才。

作为江苏大学校友，他对母校培养精密制造的高端人才事项十分重视。每次只要他回国，我就约他一起回母校，他都欣然应允，为母校的发展出谋划策，为学弟学妹们作专题学术讲座，勉励他们着眼于世界的前沿研究方向。一颗赤诚之心，令人感动！

呈现在读者面前的这本《水乡冠玉：张璧的故事》，是传主家乡小学校长徐少平先生的呕心力作。徐校长白天奔波走访、不辞劳苦，晚上挑灯夜战、奋笔疾书，撰写了这部纪实性作品，旨在传承水乡古村落源远的历史文化，弘扬中华民族的传统美德，激励青少年勇于探索、报效祖国的雄心壮志。其意义深远，功在千秋！

该书以一种时光倒流式的叙述，使读者渐入佳境，无数个生活场景，犹如一幅风起云涌、波澜壮阔的国画长卷，在我们面前徐徐展开，让读者看到了传主一步一个脚印走过的峥嵘岁月。一个乡村的农家娃娃，恰似一块被深埋的冠玉，一经发现，挖掘打磨、精心制作，终熠熠生辉，成为建设我们这个文明古国的中坚力量，助力祖国繁荣昌盛。

本书的立意构思、调研取材，均将事实元素嵌入其中。《水乡冠玉：张璧的故事》旨在向千千万万个乡村街道普通家境的莘莘学子阐明一个朴实的道理：有志者，事竟成。只要你脚踏实地，志存高远，皆可成为社会的有用之才。

本书亦让从事中小学教育的老师在教育实践中深刻理解孔子“有教无类”的教育思想——教育是不分贫富贵贱的。

徐少平先生邀我为该书作序，我诚惶诚恐，行笔至此仍意犹未尽，虽挂一漏万，然心诚唯天地可鉴。

再次感谢作者徐少平先生，他向我国的普通家庭、普通教育工作者、青年学子们奉献了一本通俗易懂、可资借鉴的优秀育人作品！

樊荣茂

江苏泰兴人

我国第一代OA行业奠基人之一

全国办公机器行业协会名誉副会长

壬寅年初春作于海南“山湖海”寓所

目录

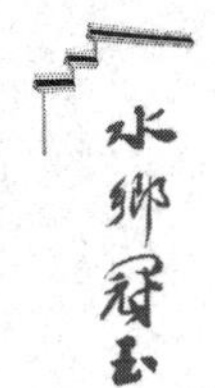

水乡冠玉

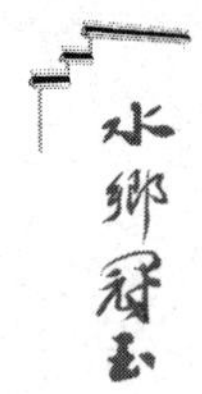

第一章

追风少年郎

家在扬州最东方

1957年，中国大地，一场“大跃进”运动正风起云涌。这年9月，江苏扬州最东方的小村庄，一户张姓人家里，一个幼小的生命呱呱坠地。作为村支书的父亲，看到这个虎头虎脑的长子，显得格外开心。

这个小村庄原先叫花陆庄，庄子东依卤汀河，四周河道密布，蒹葭苍苍。许多年前，这里是一个和卤汀河沿岸的泰县港口、兴化周庄齐名的大镇，形似一只跃跃欲飞的凤凰，曾盛极一时。但是，滨河，也意味着庄子缺少天然屏障，容易引来兵匪侵袭。渐渐地，沿河垛田无人居住，成了荒滩，而百姓则集中居住在西部，村庄中心西移，紧靠西边的葛家巷。至今庄子东边的芦苇滩上，还能挖到几百年前固定在水里的木桩，那是当时花陆庄水榭码头繁盛时期的见证。

起初，庄上多为花姓人和陆姓人居住。后来世事沧桑，陆姓人已寥寥无几，花姓人也不多，倒是张姓人家人丁兴旺，以至于占了大半个庄子。不知是因为书写麻烦，还是其他原因，花陆庄渐渐变成了花六庄（“六”和“陆”在方言中发音一样）。而张姓的繁盛与一个人有关——张衮。

张衮是清代武举人，身材高大，双手像蒲扇，穿的袜子像个大马靴，足够做一个婴儿的睡袋。“文革”前，他穿的袜子还在张衮十七世孙张书荣家保存着，庄上不少人见过。遗憾的是，“文革”动乱期间，袜子弄丢了。不过他玩的石锁至今还在，虽历经几百年沧桑，依然原样保存着。

张衮平时耍的朴刀，又名“太平刀”，足有二十斤重，舞起来虎虎生风，声势吓人，常引得围观者拍手叫好。他不光武艺了得，还有商业头脑，曾在庄子里开办过规模不小的油坊，榨油用的大石磨直径将近两米，至今还保存在庄子西码头。张衮发迹后，张氏家族、远近本家，受益者颇多。

张璧家住在庄东头普福庵的东侧。据老人回忆，新中国成立前，这庙门口东西侧各有一口张衮打的井，庙东侧的井水是淡水，而庙西侧的井水却是咸的。张璧的父亲当年建房打地基时，曾挖到一块扁平的、中间有小孔的璧玉，玉不大，厚薄不均，孔不在中间，玉质也一般。大家基本上没见过璧，只是从《廉颇蔺相如列传》里听说过价值连城的和氏璧。庄子最年长的张爹看到这块玉璧，很惊讶地告诉大家：传说花六庄栖息过一只口衔宝玉的金凤凰，难道这就是金凤凰口衔的那块宝玉？传说归传说，张璧的父亲倒是有了灵感，给长子起名“璧”，希望他将来能成大器。

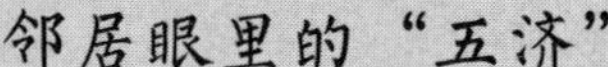

邻居眼里的“五济”

张璧的父亲有弟兄五个，父亲排行老四。五个弟兄所生的男孩，依次叫大济、二济……张璧在平辈中排行老五，所以庄上的人都叫他“五济”（在当地方言中，“济”与“齐”发音相同）。

其时，全国农村“吃大锅饭”正搞得如火如荼。“大锅饭”这个概念，不是现在大家理解的对分配方面平均主义的一种比喻，而是真正的许多人吃一大锅饭。张璧母亲每天要去生产队里上工，在农忙的时候，到食堂打饭的任务就落到了年幼的张璧身上。张璧才四虚岁，现在的小孩四岁时正是在母亲怀里撒娇的年龄，他却担当起如此重任。他一手牵着两岁的弟弟，一手拎着一个大得与他年龄不相称的饭桶。食堂在庄西头，他家在庄东头，路面疙疙瘩瘩，恰如张璧以后的人生之路一样，坎坷不平。

那天打好稀饭后，哥俩往回走。走着走着，顽皮的弟弟脱开了手，张璧便赶紧去拉弟弟，结果脚下被土疙瘩绊得摔了一跤，一桶稀饭泼了一地。母亲回来很无奈，责怪了张璧几句，只好去邻居家讨了点粥。这是张璧童年最早的一段记忆。

童年的生活是贫苦的，但可以快乐地放飞心情。庄子四周河滩密密匝匝的芦苇，给孩子们带来无穷的乐趣，每到夏天，庄上的小孩都会到西码头游泳。

西码头是庄上最大的码头，也是“儿童乐园”，岸边有高大的榆树、楝树、柳树，浓荫遮蔽了半个码头。更妙的是，码头从上到下有张衮留下的七个直径两米的石磨。小伙伴们赤条条地躺在湿漉漉的石磨上，戏称“黑鱼晒荫”，这称呼倒是再形象不过了：农村孩子成天与泥土和水打交道，哪个不是黑不溜秋的“浪里黑条”呢？

在这群小伙伴中，五济无疑是“孩子王”。因为五济尽管和其他小朋友一样吃不饱，但他生来就高大英武，又有胆识，况且父亲又是书记，“老子英雄儿好汉”嘛。大人们如果要出门，甚至会叮嘱五济照顾自己的孩子，而五济总是满口答应。五济俨然成了邻居心目中孩子们的“书记”了。

五济也很顽皮，而且做事大胆，敢冒险，有点像“小兵张嘎”。庄子里的一切已满足不了他那颗躁动的心，他像雏鹰一样，总想着振翅飞出去。

吴堡乡老街上每年都举办“三月三”庙会。这庙会由来已久，原是吴堡观音寺的传统庙会，现在成了一年一度的物资交流大会了。届时，全乡各村的男女老少，甚至四邻八乡的人们，都会赶来参加这样的盛会。

五济上二年级那年的“三月三”，春阳明艳，天气热得像

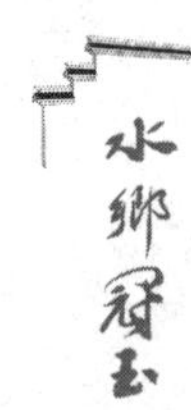

炎夏。一大早，迫不及待的村民们就扶老携幼去赶集了。做买卖的就会划船去，大多数人走路去赶趟儿看热闹。五济也嚷着要去，可父母不允许。一来，五济年龄太小，要走一个多小时的路，哪吃得消；二来，人多拥挤，怕他挤丢了；三来，要坐摆渡船，万一人多超载船翻就危险了，这样的情况以前是发生过的。

可五济去意已决，谁也拦不住！他和前一天约好的发小“大茨菰”（因脑袋大而得此绰号），带着平时有心积聚的几角钱，随着人群上路了。

第一次去镇上五济别提多开心了！道路旁，柳絮飘飘，似雪花纷飞；田野里，麦苗返青，像绿色的海洋；油菜花散发着清香，吸引了许多蜂蝶。他们一路踢着地上的泥块瓦片，一路欢笑。不必担心迷路，因为所有路人此时都为了一个共同的目标，都朝着一个方向前进。他们边走边玩，走累了，随便找个树荫躺下来歇一会儿。家人知道他们偷偷去了吴堡，很是着急。邻居安慰道：“不要担心，五济会跑丢吗？他肯定会有办法回来的。”

“三月三”热闹极了，对于两个首次来的乡下小孩来说，什么都是新鲜的：烧饼酥软，莲藕香甜。气功杂耍的，说书演唱的，看热闹的人挤人、人压人，在人缝里穿梭实在好玩。不远处传来竹笛声，清脆而明亮，一下子吸引了五济。他本来就爱好音乐，可惜农村的学校里没有正规的音乐课，顶多唱些《东方红》《大海航行靠舵手》《三大纪律八项注意》之类的“红歌”。他走过去一问竹笛价格：一角七分，也不算贵，便毫不犹豫地买了一支。

回去时，“大茨菰”跟船去亲戚家了，五济只好一个人走回去。他害怕吗？没有，五济路感很好，走一次就记住了。途中，他捡到几个路人掉下来的小山芋，用衣袖擦擦就可以充饥。不知是兴奋，还是意犹未尽，五济越走越有精神。这也许是因为他从小走路多，家务劳动多，练就了一双“飞毛腿”吧。

高兴没多久，问题来了：到了汉南村的摆渡口，上渡船的人特别多，大人需要交三分钱，小孩二分钱，交了钱才能排队上船，但五济已身无分文。看到这种情况，他知道求也没用，决定选择一个较窄的河面，踩水过河。他找准地方，脱去衣服包住竹笛举在手上，凫水过了河。虽说天气暖和，但毕竟是春天，河水还是有点冰凉。上岸后，他赶紧躺在一个朝阳的土坡上晒足了太阳才继续赶路。

到了庄口，太阳已落山，母亲踮着脚在路口翘首企盼，问路人有没有看到五济，都说没有。正在这时，远处传来杂乱的“呕哑嘲哳难为听”的竹笛声，一个黑黝黝的少年顶着一片大大的荷叶朝这里走来，颇有点“牧童归去横牛背，短笛无腔信口吹”的浪漫童趣。

母亲问：“河里有水猴子，你怎么敢游水？”

五济说：“水猴子？水鬼？怎么从来没有人看到？都是骗我们小孩的，我才不信那个鬼呢！”

邻居见了，说：“我说嘛，五济走遍天下都没问题的。”

五济的童年是快乐的，尽管有困难、有危险，但他从来不屈服、不掉泪。这种天不怕、地不怕的勇气更是伴随了他以后的一生。

游泳囧事

张璧家东边的河荡，是卤汀河的一条支流，每到夏秋时节，河荡里满是丰硕诱人的菱角，惹得小小年纪的张璧垂涎三尺。在那个食不果腹的年代，农村里每个小孩都是“小馋猫”。张璧人称“大食袋”“小饭桶”，从小饭量就比同龄人大，好像从来就没有吃过饱饭的时候。

在他五岁那年，有一次父母都去忙农活了，他和几个小伙伴来到河口一条小船上，准备摘菱角。张璧走到船头，伸手去够菱盘，结果因为船上有水，他脚下一滑，身子往船头外一倾。说时迟那时快，旁边一个比他大点儿的小伙伴一把抓住他的衣服后领，才没让他掉到河里。那时的张璧还不会游水，水很深，菱盘又密，如果真的掉下去钻到菱盘底下，后果不堪设想。

说来也奇怪，这一幕就像天边的一片浮云，就这么飘浮过去了，他没吓着，同伴也没怪他，他们还继续翻菱角吃，只是日后再回忆起来这件事，张璧仍然心有余悸。

“大难之后，必有后福”，日后的生活似乎也印证了这句古语。当然，这福不是从天上掉下来的，是他靠几十年的磨砺奋斗换来的。

水乡的孩子一般七八岁就会游泳了。这件事促使张璧有了早日学会游泳的决心。现在的孩子学游泳，没有天然的河荡；即使有，也不敢去，而是花钱去游泳馆找教练，两三个月“满师”，还会发个证书。那时的孩子学游泳都是无师自通，成天泡在水里，你推我拽，不多时日，个个都成了“纵壑之鱼”。张璧回忆说，自己好像也是在不知不觉中就学会了游泳。

那时的河水是清澈透明的，在岸边上就能看到河里嬉戏的小鱼虾、挪动的河蚌、摇曳的水草。不费力气就能抓住一只小虾，嘴里念着那首烂熟于心的童谣：“先吃尾，后吃头，吃下去，不会游；先吃头，后吃尾，吃下去，会游水。”吃好小虾，一个猛子沉下去，呛几口甜津津、清碧碧的水，不经意间便学会了游泳。那时的水乡孩子学游泳就这么简单，你信吗？

一旦学会游泳，张璧立马就上了一个“档次”，加入了“游泳儿童团”。

小孩子游泳都喜欢标新立异，搞点花样。潜水游：一个猛子下去，人不见了，正在你四处寻找时，河的对岸露出个小脑袋，抹抹脸上的水，哈哈大笑。那潜得最远的准是张璧，他的肺活量非同常人。跳水游：一群光屁股站在桥上，把骚尿尿在水面，看谁尿得远，谁就是“尿尿英雄”，谁就可以很得意地优先跳水。不过，他们跳水不是运动员的花样跳水，而是自创的方式。有的抱住双腿跳；有的两个人手拉手跳；有的如跳远，

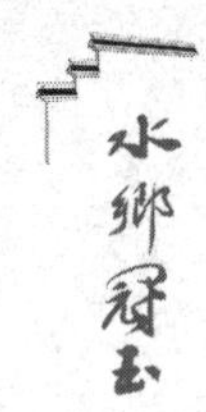

先助跑再远跳；有的像块石头一般，扑通一声往河里一跃；有的直接胸部扑到水面，拍得肚子生疼。

河床上常有碎玻璃、铁钉之类。那次跳水离河岸近，张璧脚底被玻璃扎破了，他只得一瘸一拐地走回去。父亲用缝衣针在火上烤一下，拨去伤口处的碎玻璃片，说："没事了。"父亲的话一向句句是真理，张璧从不怀疑，他说没事肯定就没事了。虽说还有点疼，张璧照常上学、做家务。

可脚底却越来越疼，终于有一天，脚底流脓了。父亲带张璧去西彭医院看医生，结果发现伤口里竟然还有一块玻璃碎片，父子俩都惊呆了！父亲喃喃自责："唉，都怪我没弄干净。"

玻璃碎片在脚底伤口里，他居然坚持着走了一个多星期，这需要多么大的忍耐力啊！这也是张璧事业成功的重要原因之一。

穷人的孩子早当家

“提篮小卖拾煤渣，担水劈柴也靠她，里里外外一把手，穷人的孩子早当家。”这是京剧样板戏《红灯记》中李玉和的一段唱词。张璧常常哼着这首曲子，这也是他小时候的生活写照。

20 世纪 60 年代，国家还没实行计划生育政策，张璧后来有了弟弟妹妹。由于父亲不在本村工作，母亲又要下田劳作，作为家中长子，张璧便肩负起照顾弟弟妹妹的任务。那时农村的家庭几乎都是这种模式，大的带小的，“三斤扛二斤”。张璧就这样年复一年、日复一日地“扛”着，习以为常，可有一次差点儿“扛”出人命来。

那段时间，农村正在进行一场声势浩大的“平坟还田”运动，每天都有专业的平坟小组挖坟墓，这引来了孩子们的好奇观望。那天，张璧一手牵着弟弟，一手牵着大妹，背篼里装着小妹，随着人群走到一处挖墓田里。

刚才还在活蹦乱叫的小妹突然安静下来，张璧叫旁人看看妹妹是不是睡着了，结果那人发现小妹正口吐白沫、头歪斜着、

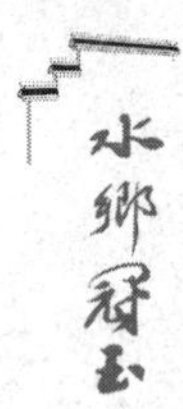

眼睛翻白，便说“你妹妹死了”。人们赶紧叫来张璧母亲，母亲抱着他小妹妹立即飞奔去了西彭医院。医生说是抽风，小孩子背在身后，时间长了不适应，如果再不得施救就会有生命危险。那医生捏捏按按，不一会儿工夫，小妹终于醒了。他们让大夫又配了点药，然后就带小妹回家了。

从那以后，张璧带弟弟妹妹更加谨慎小心，做家务也更认真了。不过就在张璧脚底伤口愈合后不久，家里又发生了一件事。

那天下着大雨，父亲一早就去镇上开会。刚准备上工的母亲突然发高烧，全身酸痛，走路都没力气。张璧赶紧安顿好弟弟妹妹，然后搀扶着母亲去了大队卫生室。赤脚医生看了看，说估计是“打摆子”，可能是蚊虫咬的，要吃一种叫奎宁的药，可卫生室没有，必须去西彭医院购买。雨大路滑，赤脚医生不太想去，卫生室又没有其他人，怎么呢？张璧看着母亲痛苦的表情，说“我去吧”。要知道，他脚底下的伤口刚刚愈合不久，再说雨大路滑，一个六七岁的小孩子怎么能行呢？

“没关系，我能行，医生，您写个条子。”张璧脱掉布鞋，赤着脚，穿上小蓑衣，拿着医生写的纸条，一个人上路了。到了西彭医院，接诊的医生正好认识他，对方很是吃惊，啧啧称赞：张书记家的五济真不简单！

每天除了带弟弟妹妹，张璧还有必做的三件家务事：做晚饭、打猪草、煨猪食。做晚饭简单，中午的剩饭煮成烫饭（即泡饭）即可；打猪草也容易，庄子四周到处是大树和野草，很快就能装满一大篮子；麻烦的是煨猪食，他需要将山芋藤、树叶与野草切碎，再把糠皮、麦麸子放到直径近一米的大锅里煮熟，然后倒入切碎的草料搅拌，这样才能成为猪仔们可口的食料。

但毕竟是小孩子，爱玩是天性，也有疏忽的时候。那天下午放学后，张璧在西码头玩水玩过头了。父亲回家一看，冰锅冷灶，两头猪仔饿得嗷嗷乱叫。父亲怒从心头起，抄起一根烧火棍就去了西码头找人。码头口的大人一看不妙，大声惊呼："五济，赶快溜，你爸拿棍子来了。"张璧知道父亲下手狠，拿起裤子就逃。

巷道里、河沟旁、田埂上、庄稼地里，一个赤条条地在前面拼命奔跑，一个抓着棍子在后面狠命地追，上演了一场"父子田园追风赛"。

跑到三里外的杨尖桥，两人距离越来越近，眼看就要追上了，张璧心一横，站在桥上对着父亲大叫："你再追，我就从桥上跳下去！"杨尖桥下是大河，水流湍急，河水又深，父亲愣住了，真的没有再追。

日后和友人说起这件事，张璧哈哈大笑地说："我这是急中生智，吓唬我父亲的。也许，我父亲知道他儿子的脾性像老子一样，说到做到的。"

此后，父亲对张璧的态度有所改变，再也没有进行过"棍棒教育"。真是"斗则进，不斗则退"，张璧从小就懂得运用"斗争哲学"呢。

老师心目中的冠玉

“冠玉”，古代指装饰帽子的美玉，也形容男子的美貌。罗贯中《三国演义》第十回中描写马超出场时这样写道：“言未绝，只见一位少年将军面如冠玉，眼若流星，虎体猿臂，彪腹狼腰，手执长枪，坐骑骏马，从阵中飞出。乃是马腾之子马超。”活脱脱的一名英武少年形象。

张璧就是老师心目中的冠玉。

对于上学的小孩子们来说，花六庄上最热闹的地方，是设在普福庵的小学，而张璧的家就在学校附近。

其时，这所学校只有一个一到四年级的复式班，老师也只有孙佩桂一人。孙老师出生在现小纪镇宗村村的一个书香门第，从小饱读诗书，学识颇高，从师范学校毕业后来花六庄做教师。她常引用《三字经》中的“玉不琢，不成器，人不学，不知义”对学生进行儒家思想的教育，目的是培养温润如玉的谦谦君子。

还没到上学的年龄时，张璧常常领着弟弟去学校里玩，弟弟在树下玩泥巴、捉蚂蚱，他便偷偷溜到教室窗户下听老师上课。

一次，孙老师让学生回答一道数学题，全班竟无一人会答。孙老师着急地来回踱着步。正在这时，窗外有人说出了答案，原来是偷听上课的张璧。这让孙老师很惊异，破例让他跟班读书。

孙老师不仅是学校的创办人，也是唯一的教师，所有年级、所有课程，全是她一个人教。正如当地民谣所唱：“校长兼校工，上课带打钟，炒菜又烧火，累得不想动。”她几十年如一日，不辞辛劳，献身乡村教育，曾被评为“江苏省教育系统劳动模范”。

有一次，县教育局里有人来学校检查，听了孙老师一课。孙老师叫三年级学生依次背诵《百家姓》。第一个学生背出“赵钱孙李，周吴郑王，冯陈褚卫，蒋沈韩杨”，接下来的第二个学生不知是紧张还是真的记不住，嘟囔着“猪仔游河，当头一棒，竹梢一划，四爪朝上”，惹得听课的老师禁不住笑出声来。孙老师再叫人背诵，竟无一人敢举手。正在这尴尬的时候，一年级的张璧举手了，孙老师只好叫他背诵。“朱秦尤许，何吕施张，孔曹严华，金魏陶姜”，听到张璧稚嫩的声音，孙老师总算松了一口气。事后，孙老师对县里的领导说：“我还没教一年级的学生认读，张璧已经会背诵了，他是块冠玉，好好琢磨，将来一定能成大器！”

那时候小学还是六年制，花六小学是初小，只有一到四年级，张璧在学习上几乎不用费什么工夫，每门功课都很优秀。五年级时，他转到邻近的葛家巷东葛小学读高小。

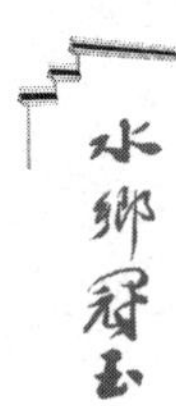

花六庄与葛家巷之间有座小桥相连。说是小桥，其实只有几根树桩立在河中，上面搁上两根树棍，没有栏杆。平时人走在上面都摇摇晃晃的，令人心惊胆颤，一到刮风下雨天，人只能从上面爬过去，要是碰上台风，几根树棍都可能会不见踪影。那座桥成了人们心中的“断头桥”，常有人掉进河里，尤其是小孩，如果掉进河里则很难上来。胆小的学生每逢刮风下雨天就干脆不去上学了，不过张璧从来没有缺过课。

就这样，爬了一年，张璧爬出了超人的胆识和勇气。张璧只在东葛小学上了一年，就因为成绩优异，被学校特批跳级，直接上初中了。

村里的“鱼鹰”

俗话说：近水知鱼性，依山识鸟音。水乡的孩子个顶个都是捕鱼能手，捕鱼的方法也是多种多样：钓鱼、张鱼、摸鱼、叉鱼、呛鱼、罩鱼。在这群猎鱼者中，张璧无疑是“鱼鹰”，用村里人话说，“张璧眼睛像老鹰，关目像孔明”，“关目”是当地方言，即计谋、主意的意思。

张璧家中至今还保存着他小时候猎鱼用的两只“提罾”（也叫“赶罾”，“赶”字方言读作“管”，因此有人也写作“管罾”）。两只罾一大一小，大的用于卤汀河的大河荡里，需要有人配合，故不大常用。经常用的是小的，一人即可操作，一般两人同行。他常与庄上的小伙伴们到附近的河荡、河沟里抓鱼。一般他先观察鱼情，选择适当的地点，支好罾。伙伴划一只小木船（一般人家在码头上都有），或是翻菱角用的大木桶，有节奏地敲着船帮桶边，发出“啪、啪”的声响，目的是用响声惊起鱼儿，把它们赶到河边放罾的地方。这大概就是“赶罾”名称的来历。待大小鱼儿慌不择路地逃进罾里，张璧便不失时机

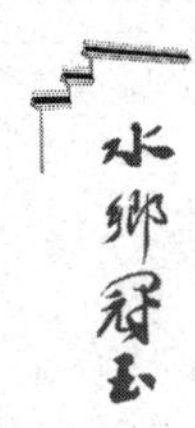

地拎起罾。这时机可要掌握好，拎早了，鱼还没有几条；拎晚了，鱼儿挣扎一会儿便可能逃脱。网罾出水，鱼儿虾儿活蹦乱跳，银光闪闪，煞是热闹。提起网罾的一角，将一网打尽的鱼虾倒入口小肚子大的鱼篓中，接着来下一轮。如此反复，往往都是收获满满。

这是赶鱼，用的是技巧，而叉鱼则需要技巧加臂力和耐心了。

春夏之交是黑鱼、花鱼等鱼类产卵的时节。它们往往在阳光灿烂的白天，领着自己的一群“子女”来到树荫下、菱塘边，觅食嬉戏。

你看，远处一块“尺四锅”锅盖大的黑块正往岸边漂来，在阳光下泛着细微的光亮，张璧判断是一群黑鱼仔。他手握鱼叉，躲在树后等待机会。这时候不能有动静，一旦有风吹草动，鱼仔立马惊慌失措，就会散开或隐到水里。光亮闪烁的黑块越来越近，已隐约看到下面的大鱼了。张璧握着鱼叉，对着鱼仔群奋力一掷，不偏不倚，鱼叉戳中了下面的大鱼。

叉鱼的机会不多，而且寻找、等待的时间较长，有时十几分钟，有时要等几个小时，大鱼才上来。更主要的是，叉鱼多半是在野塘、河荡里，母亲很担心，叮嘱张璧：“那里有水猴子，力气很大，有时候水牛都不是它的对手。”张璧总是回答：“知道了，您放心。”其实他心里清楚，哪有什么水猴子，都是大人吓唬小孩的，就如同“饭粒掉在地上会响雷打头”一样，饭粒与雷有什么关系呢？孩子们总是由相信到怀疑到质疑，直到完全不相信。

“鱼鹰识鱼性”，张璧从小对各种鱼的生活习惯了如指掌，他说，自己如果不搞科研，说不定会成为捕鱼专家、钓鱼高手的。

张璧发明了一种“声光动态钓鱼法”，不用鱼饵，而是用闪光的金属薄片做成带倒钩的“小鱼”，“小鱼”身上有叶片，钓鱼者在上面轻轻拉动钓线，“小鱼”身上的金属片便会在水中旋转振动并发出声音，犹如小鱼在水下游动，并且发出微弱的声波。这种水下声波，人是听不到的，却能够吸引大鱼上钩。

经过多年实践，张璧知道了各种鱼在水里的分层。一般来说，鲫鱼、鲤鱼在底层，青鱼、鲢鱼在中层，白条、翘嘴鱼在上层，当然，具体情况还要考虑季节、天气、水质、环境等等。当大鱼看到张璧游动的“小鱼”后，会毫不迟疑地追上去，一口咬住，这便得手了。

在美国学习和工作期间，张璧经常利用空闲时间和教授们一起去钓鱼，可谁也钓不过他。教授们看到张璧的“声光动态钓鱼法”后，纷纷伸出大拇指，连连夸赞：“中国人绝顶聪明，了不起！”

张璧的童年“痛并快乐着”，他可以自由地思考、探索、发挥，学会自己解决问题。尤其是捕鱼，要仔细观察，要有自己的思路，才能有收获。这种注意观察、勇于探索、敢于尝试的精神，在张璧日后的科研工作中发挥了很大的作用。

第二章

稼穑在人间

干农活的好手

1956年年底，中国社会主义三大改造基本完成，社会主义制度基本建立，中国开始进入社会主义初级阶段，中国农民总算过了几天安稳的日子，但温饱问题依然没有解决。那几年出生的孩子都是瘦巴巴、病恹恹的，但张璧生来就虎头虎脑，长得健康结实，这真是上天眷顾了老张家。

张璧出生的第二年，村里有人传说要吃大锅饭，但到底怎么个吃法，谁也不知道。不少人还很向往，感觉天上掉下馅饼，有免费的午餐了。当时的报纸和广播上铺天盖地的都是好消息：粮食大丰收，产量一个地方更比一个地方高。队长按上面的指示，支起了一个大锅灶。大家本以为只是走个形式而已，可谁也没想到后来动真格的了，每家每户必须把粮食全部交公，那些向往大锅饭的人顿时傻眼了。

公共食堂刚开始的时候，大家都放开肚皮吃，结果粮食很快就吃没了，大家都开始挨饿。当时不少小孩子饿得腹部水肿，俗称“气肚”，个个面黄肌瘦。张璧虽然也吃不饱，但不至于饿死，毕竟生在水乡，鱼虾总是有的。

五六岁的张璧已经能帮助母亲劳动了，用现在的标准来讲，他还是个童工。毕竟还是孩子，张璧所做的都是力所能及的农活——放牛、看场、拾麦穗、拾棉花、打甘蔗叶等等。

拾麦穗（包括稻穗、豆穗）是张璧很乐意做的。他人小眼尖，走路又快，反应敏捷，时间不长便能捡一篮子。关键是拾麦穗没有压力，又不费体力，还能捉青蛙、抓螃蟹、抠长鱼（即黄鳝），既能和小伙伴们玩耍，还能解解馋。

张璧印象最深的是拾棉花。夏末秋初，广袤的里下河平原上遍布着大片大片洁白的棉花，一眼望去，犹如蓝天下的朵朵白云。于是乎，浩浩荡荡的"拾花大军"进驻到这片棉田里，展开了一场声势浩大的"拾花大战"，其中也包括"童工"张璧。母亲用旧裤子改成一个布袋，也称"花兜"，挂在他胸前。

天刚蒙蒙亮，张璧就和邻居发小"大茨菰"随着母亲来到棉田里。他们想趁着早上空气中氤氲着湿漉漉的凉意时赶紧多摘些，如果待到太阳出来，田间便会热浪滚滚，蒸得人浑身是汗。有时候在下午，张璧正睡得迷迷糊糊的，"大茨菰"便来叫他下地了。

拾棉花是"慢工出细活"，要有耐心，一朵一朵，一瓣一瓣，把花絮从花托中全部抽出。"大茨菰"拾棉花，往往边拾边玩，甚至钻到花秆底下捉虫子玩，而张璧则是专心致志，心无旁骛。傍晚，太阳渐渐落山，张璧拖着疲惫的身子将"花兜"称重。虽然达不到成人的标准，但是能为母亲挣到几个"工

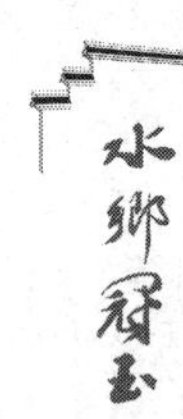

分”，他还是蛮开心的。

张璧做事认真踏实，有恒心，又细心，这样的良好习惯的培养来自小时候的劳动。

等到张璧上中学时，已经能抵得上一个全劳力了。

那天晚上，父子俩在昏暗如豆的煤油灯下进行了一次简短的谈话。

父亲一贯以严苛著称，张璧习惯性地恭恭敬敬地站在父亲面前。父亲那天却不同往常，和蔼地说：“五济，你坐下吧。”

父亲一反常态，张璧心里忐忑不安。

“你上高中了，也是个大人了，家中房子要翻建，你帮我做砖坯，好吗？”

“好的，只要我能干得动。我不怕苦的。”

“好！小子有志气。”父亲拍着张璧的肩膀，“做砖坯，要有耐力和体力，我叫你妈妈每天给你煮一个鸡蛋。”

“哦，有鸡蛋吃就更没有问题了。”对于那个年代的人来说，每天一个鸡蛋太奢侈了，张璧兴奋地拍着胸脯，如宣誓一般。

在生产队做农活时，张璧做过砖坯，深知那是个很吃力的活计。做砖坯有四道工序：和泥、揉泥、模制、晾干。前两道工序颇费力气，需要先选择一个合适的地方，用铁锹挖好一定数量的泥土，挑水搅和。搅和均匀后，就要揉泥。揉泥很重要，直接关乎砖坯的质量好坏。揉泥不用手，而是用脚在泥塘里来回踹揉，非常耗费体力。张璧灵机一动，请放牛的小伙伴张雨琪牵着牛来踹揉，果然见效很快，不仅时间缩短了，泥土还更黏糊，关键是省了人力。不过，全部踹揉下来，老牛也累得气喘吁吁的。

通过观察与实践，张璧对于模制这道程序进行了大胆的改革。他经过反复试验，制成了一种双层模，一次可以做两块砖头，大大地提高了效率。一般人一天做四五百块，他一天可以做近千块。如果在现在，这种创意发明是可以申请发明专利的。

但是，使用这种双层模，劳动强度也大大增加了。每天在烈日下高强度地劳动，他的衣服染成了“泥制服”，人也晒成了“黑炭”，晚上睡觉腰酸腿痛的，浑身像散了架一般。

张璧虽然从小是个“苦桃子”，但毕竟年轻力薄，比不上农村壮劳力，他们经年累月地干活，已然习惯这种劳动强度，而张璧却感到很吃力。

挑秧、挑泥、挑砖、挑麦把、挑大粪，哪样不需要用肩膀呢？由于经常挑担，他的右肩逐渐长出一个猪腰子大小的肉瘤，农民俗称“担肩”。村里的劳力，无论男女，大多数人都有“担肩”，也以“担肩”的坚硬为荣。刚开始挑时，张璧感觉肩膀有点疼，然后渐渐红肿起来，再后来，肩上的皮肤被磨破了，再加上汗水一浸，钻心地疼。如若以后不挑担，肉瘤会逐渐消失，但劳动怎么可能不用肩膀呢？张璧只能咬紧牙关坚持。母亲看见儿子肩上的血迹心疼不已，可张璧不敢叫一声疼，因为如果被严厉的父亲知道，他会迎来一顿责骂。再后来疼得麻木了，没有知觉了，又经过一段时间后，肩上慢慢长出一块肌肉，这块肌肉越来越结实，再挑担便没有疼痛感了。

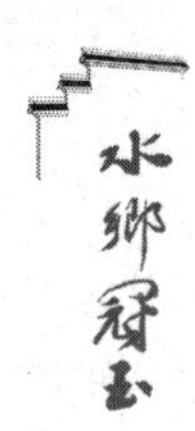

“担肩”，是对张璧劳动的一种特别“奖赏”吧。

这段“痛并快乐着”的劳动经历，让我们看到了一个科学家与命运抗争的艰难历程，看到在成功的背后，当下的人难以体会的那些酸甜苦辣。

张璧在总结成功经验时这样说过：我对“苦难”这个词是充满敬意的。人的一生不宜太顺畅，太顺了会让人们形成慵懒自私、唯我独尊、不思进取的心理。苦尽才能甘来，青少年时期虽然做过与年龄不相称的家务、农活，但这些对张璧而言却是个磨炼，使他收获颇多：一是打好了身体基础，从小练就了健康的身体，提高了身体素质，“我很少生病，感冒发热，多喝点水就能对付了”；二是劳动大多需要双手同时活动，这样就开发了左右脑，培养了动手能力，促进了形象思维与逻辑思维的协调发展；三是学会了合理安排时间，可以一边劳动一边考虑下一步的事，知道怎样做才能实现时间的优化利用，怎样做才能效益最大化，这俨然是“统筹学”的雏形。

劳动的乐趣

面朝黄土背朝天的农耕生活无疑是痛苦的，但劳动人民能从中寻找出许多乐趣来。回忆起那时的劳动生活，至今有几件趣事让张璧记忆犹新。

上初一那年的暑假，张璧寻思着要干点农活，帮家里挣工分，以减轻家庭负担。

他把自己的想法告诉了父亲。干什么活好呢？父亲思考着：割麦、插秧这种体力活，儿子吃不消；拾麦穗、打甘蔗叶都是小孩子干的。思索良久，父亲决定让张璧替队里放牛。

“牛是农家宝，种田少不了”。张璧的父亲小时候曾在常州的金坛给一个地主家放过牛。那是个比较开明的地主，对他很好。他因此学到了一手养牛放牛的经验，也认识到牛对于农民的重要性。

放牛需要懂牛性，否则惹毛了它的牛脾气，有时候说不定会出事。因此，放牛必须有懂放牛的师傅带几天。张璧的放牛师傅是谁呢？竟然就是做书记的父亲。

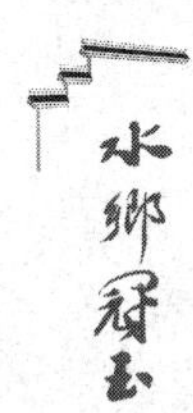

也许是想起了小时候放牛的乐趣吧，父亲教得很认真、很细致，连牛怎么“下汪”、牛的情绪怎么变化，甚至怎样通过看牛粪来了解牛的身体情况等，父亲都讲得清清楚楚。父亲对人很严格，打骂也是常有的，但对牛却爱护有加，叮嘱张璧不能打牛，不能让牛饿肚子。张璧仿佛继承了父亲养牛的基因，对牛一点儿也不陌生，他牵着牛出门，一个箭步便爬上了牛背，用手拍拍牛屁股：“倒剥，走——”“倒剥”这个词是父亲教的。父亲放牛时不用鞭子，绳子穿在牛鼻子上，拉拽绳子就是向左转，轻触绳子就是向右转。假如牛不听话，只要大叫一声“倒剥！”，牛就乖乖走了。想来牛是通人性的，也许生怕自己倒下，就会被主人剥皮吃肉吧。

张璧放牛还有几个“绝招”。一是“前头上牛”。他用手拍拍牛的头，牛便顺从地低下头，然后他将左脚踩在牛的头顶上，两手抓住牛角，大喊一声“起”，牛应声抬起头，张璧便顺势爬上牛背。二是“站牛飞奔”。这是要一点功夫和胆量的。没事的时候，放牛娃们经常进行跑牛比赛，看谁的牛跑得快，看谁的姿势优美。别的放牛娃都是骑着牛，顶多跪在牛背上，而张璧是站在牛背上，左手牵着牛绳，右手用鞭子抽打牛屁股，就像赛马一样惊险刺激。

张璧很乐意去放牛，因为村里有几个跟他年龄相仿的放牛娃，经常能凑到一块玩。他们把牛吆喝到大圩堤上，或是赶到杨尖的垛上，让牛儿自由自在地吃草喝水，这几个顽皮的小牧童就能尽情地玩开了！

即使没有丰富多样的玩具，他们也能利用大自然，照样玩得特别开心，尤其有几个游戏，屡玩不爽：“滑滑梯”，孩子们从高高的圩堤上，顺着坡上的青草滑下来，那感觉就像坐飞机，比什么都爽，尽管衣服弄脏磨破也在所不惜；“荡秋千”，几个人“噌噌噌”地爬到树上，抓住树枝左右摇晃，甚至像猴子一般，从这根树枝跳到那根树枝上；“吃烧烤”，也叫“烧野锅”，乡村的美食到处可寻，他们捉田鸡，打麻雀，掏鸟窝，挖知了，抠长鱼，抓螃蟹，然后临时垒个土灶，再弄些树枝和野草做燃料，不一会儿就可以品尝到正宗的野味了。

其中，最有乐趣、最刺激的游戏是“翻磙子”。

石磙子，也叫碌碡，是农村做场、碾场、脱粒用的，村民们称之为“碌碡磙子”，一只足有五六百斤重，农忙一过，便被人卸掉木架，闲置在场边。乡村汉子个个身强力壮，经过长期劳动锻炼后，即使一场活计下来，仍有闲余气力，于是就创造出各种各样的竞技运动，“翻磙子”便是其中最有趣的。

“翻磙子”是气力活，要有爆发力，但并不等于力气大就能翻得快，“翻磙子”要用巧力，才能做到四两拨千斤。别看队里大力士多，可“翻磙子”往往都比不过张璧。

张璧翻磙子之前会先观察一番。他发现，磙子虽然是圆柱形的，但两头大小有细微的区别，一般人不易觉察到。比赛开始后，张璧双手抓住小头的木把手，找准两个石牙作为支点，就着场地的坡度猛一发力，一个翻身后，他趁石磙立足未稳，便借力打力，接着两翻、三翻……在一片欢呼声中，大力士们

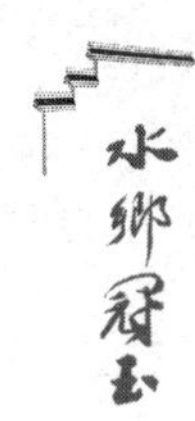

纷纷甘拜下风。

因为石磙子太沉，还发生过一件令孩子们心惊胆战的事。那天，几个小孩看到大人们翻磙子，也跃跃欲试。不过小孩子力气小，当然不可能竖着翻磙子，只是盘着转。几个小孩推着一个硕大的石磙子，顺着场上的斜坡慢慢滚下去。但是他们哪会知道磙子两头不一样大，石磙子滚着滚着就偏离了方向，而且越滚越快。张璧远远地看见，赶紧叫他们停住，可这时候已经控制不住了。磙子像一头下山的猛虎一样一路滚下去，轧死了一只来不及逃走的小鸭子，在众人惊叫声中越过了河堤，滚到河边的大船上，最后“扑通”发出一声巨响，掉进了河里。那几个顽皮鬼吓得一个个落荒而逃，大人们个个面带惊恐，心有余悸。

讲到翻磙子，张璧还提出过一个疑问。他说先祖张衮是否一出生就叫张衮呢？张衮后来以翻磙子、举磙子、玩磙子而出名，有可能是出名之后才改名张衮的，抑或是人们根据他的名字，牵强附会地编出了他与磙子的故事。

闲暇时，张璧会倒骑在牛背上，吹起“三月三”在吴堡集市上买的笛子，虽说吹得不成调，倒也有些古人“羃羃黄云麦垅秋，牧童横笛倒骑牛”的浪漫野趣。

张璧对音乐的兴趣并不止于吹笛子，他对农民打号子也情有独钟。

提起号子，人们也许会想到响彻了几千年的黄河号子声，也许会想起相声演员马季的《劳动号子》，而展现在张璧面前的是一群面朝黄土背朝天的劳动人民，他们赤足站在水田里，一边插秧一边抬起头来唱着插秧号子。

“手抓秧把子笑盈盈哎，种田也是为革命哎！”妇女队长徐子英嘹亮的嗓音一起头，姑娘们便齐声应和：“哎，同志哥哎，种田也是为革命哎……”每当这时，张璧总是跟着唱得热血沸腾。

张璧在劳动中也学会了不少号子，最有气势的当数“老虎号子”。“小老虎”是农村脱粒机的俗称，粗大而笨重，每次挪动都需六七个男劳力才能抬起。一场脱粒结束后，“小老虎”要赶往下一场，生产队长便会召集几个壮劳力，用麻绳扎好脱粒机，随着领头的一声“起了——”，众人奋力抬起机器。此时个个浑身上下肌肉绷紧，额头上青筋暴起。

“撑起腰来！”“嘿哟！”“往前走哟！”“嘿哟！”“人心齐来！”“嘿哟！”“泰山移来！”“嘿哟！”……偌大的“小老虎”在一呼众应的号子声中缓缓前移，颇似《红高粱》里的场景。

这样的号子声经常在张璧耳边响起。在他心里，每一首劳动号子都是一首动听的歌谣，满天的号子声此起彼伏，构成了那个时代乡村的一道独特风景。那粗犷古朴、充满协作精神的呼唤，一直回荡在他的记忆里。

对农机的渴望

多年的农村劳动，尤其是高中毕业后三年多时间的风吹日晒，让年轻的张璧皮肤日渐黑里透着红，油光光的。都说“晒黑了皮肤炼红了心”，他觉得这黝黑的皮肤是劳动、健康的象征，是最美的印记。劳动之余，张璧开始有了另一番思考。

20 世纪 70 年代的江苏农村，耕种土地采用的基本上还是原始的方式，到了收获的时节，收割、栽种庄稼全靠人力。几把镰刀、一块磨刀石，全家老少一起上阵，要忙上好一段时间，真是累得昏天黑地。但凡身体无恙的、能走能动的，都要贡献自己的力量，哪怕七八十岁的老人也要去地里，而张璧已俨然是一个壮劳力了，挑把、挑秧、脱粒、堆草、罱泥、豁水，样样都能干。

在劳动过程中，人最容易受伤的就是腰部。收割要弯腰，九十度弯着，弯到麦田光光；插秧要弯腰，一百度弯着，弯到放眼望去绿油油的一片。此时还不能歇腰，黄豆、油菜籽、芝麻……接二连三，各项农活先后会有时差，都是一场场体力的极限运动。到了空闲时光，人们的问候，不是“你吃饭了吗”“你喝茶了吗”，而是“你腰好些了吗”。

学校放假后来帮忙的年轻人，人人喊腰酸背痛，没有人说他们矫情。忍耐力极强的中国农民，就这样年复一年、日复一日地用腰杆子撑起了乡村的天空。真正到了腰疼得住了院，就是“塌了腰”。一个“塌”字，道出了亿万农民的疾苦与无奈。

能替农民分担的只有牛。张璧放牛的时候，再忙再累也得先把牛伺候好，然后才有心思做别的事情。牛在农民心里是任劳任怨、默默奉献的化身。农忙时节，牛比人还累。张璧还记得，耕田的时候，瘸三总是用他那结实的皮鞭抽打着已经累得气喘吁吁的老牛，老牛的眼里满是泪水。看到这样的情景，张璧很难受，他常常在思考，为什么没有机器插秧、耕地呢？

农活里的挑秧也是个气力活，刚扯的秧把子的根部必须带着泥土，要趁着泥水汪汪的时候尽快从秧池挑到稻田里插栽，而带着泥土的秧把子特别沉。

一天，张璧看到村里几个小孩玩滑板车，他突发奇想：如果滑板车再大些、再高些，不就可以拉秧把子吗？

他打听到滑板车的轮子是乡农具厂生产的。第二天，他步行十多里地，去乡农具厂找到老乡徐红言。徐红言是农具厂的保管员，也是个爽快之人，知道了张璧的想法后悄悄给张璧弄了几个轮子。经过研究实验，张璧自己动手制作了村里第一台拉秧车。

车子一拉到田里便引来一群好奇的人。拉秧车可省去挑秧的麻烦了。每到插秧时节，拉秧车便派上了大用场。家家来借用，张璧每次都有求必应。

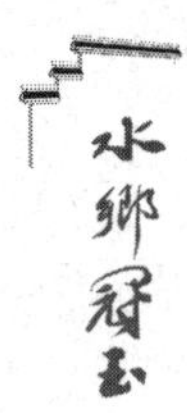

后来，他看到在水田里的拉秧车无法滑动。受雪橇滑板的启发，他又对拉秧车进行了改进。这下不管旱路还是水田，拉秧车都能畅通无阻。

这一做法也让他受到启迪，只有机械化才能减轻农民的繁重体力负担。从那时起，张璧开始关注、思考机械化这个问题。

一次，父亲从报纸上看到拖拉机耕作的新闻，讲给张璧听。张璧趁机向父亲提议，他想买拖拉机来耕田。可是这需要一笔巨资，怎么办?

为了筹措这笔不菲的资金，在父亲的努力下，村里筹建了花六庄木器加工厂。所谓工厂，其实就是集中了几个手艺好的木匠，替别人加工。哪知工厂一炮而红，厂里活计源源不断。远在几十里外的泰县罡杨中学缺教师办公桌，学校的纪增强校长亲自来花六庄，准备定做十几张办公桌。原本只是交少量订金即可，当听张书记说他们准备用这笔钱购买拖拉机时，纪校长毫不犹豫地当场付清了所有货款。

前不久，在一次活动中，笔者还遇到纪增强老校长。他主动和我说起这件往事，他说他当时被张书记的真诚和魄力所感动，当场付了全款，并和张书记成了好朋友，他还承诺，如果张书记购买拖拉机资金有困难，可继续支持。

张璧父亲非常感动，当即派人去泰州，用这笔款买了生产队里第一台手扶拖拉机。拖拉机是买回来了，但是看着这么大的一个傻不拉几的“铁家伙”，人们大眼望小眼：没人会开。张璧左瞧右看，自己捣鼓捣鼓，竟然学会了驾驶。看到机械的威力，张璧对农机的渴望更加强烈。

丈量家乡的土地

在吴堡中学读了两年半高中后，1974 年 7 月，张璧回到了老家花六庄。“虚负凌云万丈才，一生襟抱未曾开”，这个胸怀远大抱负的青年，就这样来到田间地头，和世世代代的祖先一样，开始了日出而作、日落而息的农耕生活。

当年的花六庄没有一条像样的道路，没有一座像样的桥，人走在路上，天晴一身灰，下雨一身泥。本来就坑坑洼洼的田埂子，一到下雨天便因雨水聚集而泥泞不堪。花南组向西的那条土路是村民出行的必经之路，宽仅一米左右，不知多少人在这儿摔过跟头。那座连接到葛家巷的小桥，也让读书的孩童心有余悸，望而却步。

当村办工厂有了一定的资金后，张璧父亲就想修桥修路，改善一下出行的环境。村干部们早就盼着这一天了，纷纷积极支持。有人提出，修路架桥要整体考虑，得先搞个整体的规划，绘制一张村庄地形图。要绘制地图，必须请一位有见识、有水平的人来测绘，大家不约而同地想到了村里的“高才生”张璧。

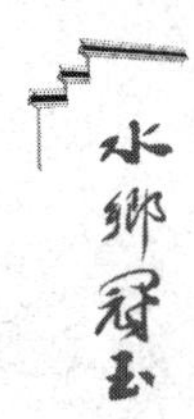

张璧正好闲着没事，想着如何才能“学有所用”，于是他愉快地接受了任务，并约同学张俭做助手。

要绘出地图，必须进行测量。那个时候绘制地图，没有先进的测量仪器，更不可能有无人机航拍，完全靠土方法。两人带着经纬仪、皮尺、望远镜等简单的测量工具，开始了为期三个多月的“测绘工程”。

一开始，工作很顺利，他们手执测绘工具，“左准绳，右规矩”，穿小巷，过小桥，下田上树，一帆风顺。不过意外还是发生了。庄东边到卤汀河沿岸是一片垛田，为了更准确地测量方位距离，张俭挎着望远镜，背着包，爬到了河边一棵高大的老榆树上。正当他们给垛田编号时，突然“哎哟”一声，张俭不小心碰到了洋辣子——学名叫绿刺蛾，毛有毒，人体接触后，皮肤又痒又疼又肿。就在张俭转身时，背包倾斜了，最上面一张草图掉到树下的河里，迅速漂走了，想捞也来不及。张俭很自责，感到对不起张璧这几天的绘制。张璧听了哈哈大笑：“没关系，那张图我都记在脑子里了，你赶紧回家弄点碱水清洗一下，不然的话还会肿胀的。”

还有一次，好不容易绘制的地图被突如其来的大雨淋湿了，张璧只好又重绘了一次。在测绘的过程中，这样大大小小的险情发生过好几次，但是困难丝毫没有动摇他的决心。在张俭的配合下，三个月后，张璧把一幅841毫米×1189毫米大的村庄地形图摆在了村委会的桌上。村干部们大吃一惊，简直太精确了！路、桥、河流、房屋、农田，位置、大小，甚至新旧程度，全都标记得清清楚楚。

张璧指着地图问大家：“你们倒过来看看地图，我们庄子像什么？”不看不知道，一看吓一跳，村庄的地形活像一只展翅欲飞的凤凰，头在花南，尾在杨尖，右翼枕着与葛家巷相隔的小龙河，左翼依偎着宽阔的卤汀河，两只眼睛正是庄东头和庄西头庙前的井。

老主任突然想起，很久以前，村里的老人说过，花六庄原来有一只金凤凰，口衔一块宝玉，来到卤汀河西这里筑巢安家，这地图不就是印证吗？这意外的惊喜让大家啧啧称奇，原来花六庄真是一块凤凰宝地，现在张璧重现了这只凤凰，花六庄将来一定会出人才呢。

这次测绘是张璧第一次把学到的知识应用到实践中，他更加认识到理论知识和实际相结合的重要性。

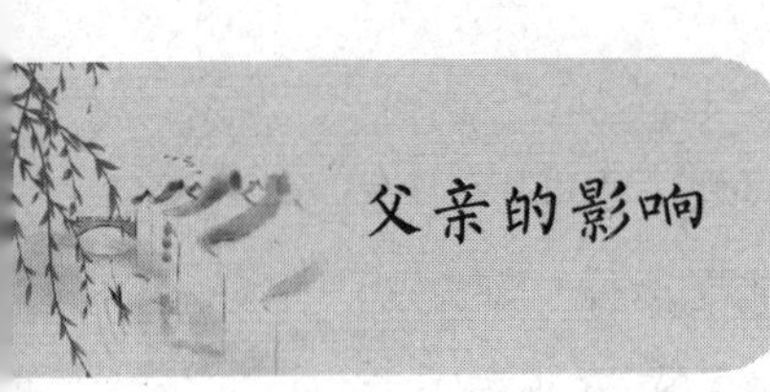

父亲的影响

都说父母是孩子的第一任老师，在张璧成长的过程中，对他影响最大的莫过于父亲。

父亲叫张宝余，1933 年 2 月 11 日出生于江苏省江都县吴堡乡花六村，读过三年私塾，十四岁时随大哥张宝元去常州市金坛县替地主人家放牛，十七岁回到老家参加土改，被当地百姓推荐为初级社社长，1954 年加入中国共产党，1962 年至 1966 年调往离家五六里远的北汉联合大队任党支部书记。

虽说五六里路不算远，父亲却很少回家，有时半个月才回来一次。工作忙、脱不开身是一方面原因，更主要的是交通不便，不长的路有七八座小桥、两个摆渡口，道路都是窄窄弯弯的田埂子，平时走路都磕磕绊绊，一旦下雨，路面泥泞不堪，脚拔出来，胶鞋却粘在地上了，根本无法行走。

父亲在外地做了五年大队书记。待到张璧上初中时，上级为了照顾父亲的家庭，将他调回老家花六大队做书记。从这时起，张家才真正开始了阖家团圆的生活。

中国老百姓都会记得这件事：1978年冬，安徽凤阳县小岗村十八户农民以“敢为天下先”的精神，在一纸分田到户的“秘密契约”上按下鲜红的手印，实行农业“大包干”，从此拉开了我国农村改革的序幕。

实际上，在小岗村“大包干”之前的1973年，在扬州最东边这个偏僻的小村子里，已经有人在尝试了，用现在的话说叫“第一个吃螃蟹的人”。

鲁迅先生曾赞过：“第一个吃螃蟹的人是很可佩服的，不是勇士谁敢去吃它呢？”

这第一个吃螃蟹的人就是张璧的父亲张宝余。

父亲出生在世世代代的农村家庭，自己是个地地道道的农民，对农村、农业、农民了如指掌。他常和村里的年轻人、老年人拉家常，从中体察他们的内心，了解他们的诉求。当然，老百姓最大的也是最基本的要求是不挨饿、不挨冻。

怎样才能实现老百姓的愿望，改变农民的基本生活状况呢？眼前的“大呼隆”“大锅饭”严重损害了农民的种田积极性。但很无奈，分田到户是不可能的。经过长久的思考、斗争，他决定要做一件“胆大妄为”的事情：让农民搞家庭副业，让村里办企业，哪怕自己撤职或坐牢也要干。

父亲是个敢于说真话、办实事、天不怕地不怕的人，说干就干。他立即召开大队干部会议，在会上说了自己的决定。这个决定在那个特殊时期，无疑是石破天惊。

决定一宣布，在场的干部都惊呆了，有的人直接吓出一身冷汗。“有红头文件吗？”“这可是个禁区啊！”“这不是搞资本主义吗？”“有人举报怎么办？”疑问一个接一个。

听着大家的议论，张书记语重心长地道出了自己的心结。

经过两天的讨论，大家意见终于一致，表示赞成。虽然没有像小岗村那样签名按手印，但每个人心里都有豁出去的打算了。

为了打消大家的顾虑，张书记拿起办公桌上一把老虎钳，撂下狠话：你们按我说的办，出了问题我一个人负；谁要是敢乱说，我就用这把老虎钳子拔掉谁的牙齿！

从 1973 年起，他就注重发展地方经济，先后在花六大队办起了农具厂、钣金厂、加工厂、砖瓦厂、铝制品铸件厂、造纸厂、碾米厂等十几个小企业；全大队手艺人集中供职；解决农民子弟上学、就医、住房、使用农具问题；理发、制衣也不需要老百姓付钱；年底的时候，大队向各生产队分发厂里盈利经费，让全体农民分红；鼓励农民发展自有经济，种植甘蔗、大白菜、大葱，发展养鸡、养鸭、养猪、养鹅等家禽家畜养殖业。

现在想起来都有些后怕，如果当时有人举报，张书记肯定会被扣上许多“帽子”，挨上许多“棍子”。然而，一直到改革开放、分田到户，都没人举报。什么原因？一来，人人都是受益者，不会拿石头砸自己的饭碗，让自己再挨饿、受冻；二来，从张书记“修理三瘫子”（后文会详述）这件事上，谁都知道，张书记从来说到做到。

那几年，在张书记的领导下，花六大队创造了多个第一：

农业产量亩产为全江都县单产第一；1973—1978年连续六年工业产值为全公社第一；多种经营收入全公社第一；劳动工分单价全公社第一。

当时江都县分管农业的一个领导来吴堡公社视察调研，点名要去花六大队见见张书记，他倒要看看这个“王大胆”的胆子有多大。百闻不如一见，这位领导到田间、饲养场、工厂走了一圈，用算盘拨拉了一阵子，惊得半天说不出话来。他没有表态，没有批评制止，也没有作为典型经验推广，而是默认了花六大队的做法。这才给张书记吃了颗定心丸。

事情过去将近五十年了，张璧提起自己的父亲，也由衷地敬佩：“父亲是那一辈干部的典型，忠诚、勤俭、清廉。但他不唯上，只唯实。”

上级领导后来说，当初把张书记调回老家说是为了照顾家庭，其实还有更重要的原因。

花六庄地处江都、泰县、兴化、泰州四县市交界处，东依卤汀河，四面都是大片河滩芦荡。自古以来，处于“四不管”地带，经常成为土匪兵痞的藏匿之地，尤其靠近东边卤汀河的人家，更是常遭兵匪侵扰，兵匪逼老百姓交出钱粮，百姓稍有反抗即遭杀害。

新中国成立后，花六庄虽经整治，可依然民风剽悍，正不压邪，还有不少地头蛇、地痞、“邪头”，历任书记都很头疼，只得乖乖哄乖乖，搞得村风不正，民愤很大。上面知道张书记治理有方，想派他来治理花六庄，改变“四不管”的混乱状况。

张书记到任之后，立即开始走访排查。毕竟是本村人，没多久，张书记便理清了村里的人脉关系，了解了各色人等，决定采取“以邪治邪”的治村方式。这在当时特定的环境下是管用的，上级领导并不提倡，算是默认。

正在这时，一件事让张书记震惊不小。

一位六七十岁的老奶奶到村里告状，说儿子不给她吃穿，还经常打骂她。她已经告过几次了，但是都没用，请张书记替她做主。这儿子是村里臭名昭著的“邪头”，人称“三瘫子”，干部们都怕他三分，避之唯恐不及。张书记听罢老奶奶的哭诉，立即让通信员叫“三瘫子”到村办来，但是“三瘫子”死活不来。张书记火冒三丈，叫民兵营长带上四个精干的民兵“把他绑过来，出了事我负责”。

“三瘫子”来后，依然骂骂咧咧地，拒不承认错误。张书记一拍桌子：“你狗日的嘴还凶，老娘一把尿一把屎把你拉扯大，你现在竟然不给老娘饭吃！”啪啪给了他两巴掌。“还犟嘴！”啪啪啪又是几个巴掌。“关他三天，饿死这个狗日的！”

别看“三瘫子”平时趾高气扬，却是个欺软怕硬的家伙，哪见过这种架势，立即孬了，赶紧跪地求饶：“书记饶命，书记饶命，我错了，我再也不虐待老娘了。”老奶奶也过来了，看到五花大绑的儿子，心又软了，一把鼻涕一把泪，求张书记放了儿子。从此以后，老奶奶再也没有告过状。

张书记“新官上任三把火”，第一把火就来了个“杀鸡骇猴”，立马镇住了大大小小的“邪头”们，连“三瘫子”都服了，谁还敢造次？

过不多久，张书记把这些“邪头”们召集起来，先是训斥一番，接着委以“重任”，让他们当小队长、小组长、民兵班长、治安队员之类的官儿，并让他们写下保证书，按上手印，和他们约定治理有方有重奖，再犯错误将重罚。

重赏之下，必有勇夫，何况他们都是在不良的环境下养成的坏习惯，本不是什么坏人。一时间，村里上上下下平稳和谐，受到了上级的表扬。

别看张书记治村从严，对普通老百姓却是慈爱有加，没事的时候经常走访贫困户、五保老人、残疾人，了解他们的困难和诉求，能解决的尽量解决。

村里有一青年农民，上学时数学学得很好，打得一手好算盘，但因为左腿残疾，干不了重活。张书记让他到生产队里出任会计，既解决了他生活的困难，又发挥了他的特长。村里还有几家外来的渔民，他们以船为家，四处漂泊，生活很不方便。张书记便召集村组人员专门开会研究，给他们安排地方，还在生产队的帮助下帮他们盖了房子，从此，渔民们居有定所，安居乐业。

父亲的善举让张璧耳濡目染，受到了深刻的教育，也让他的思想境界得到了提升。

乡村七月正是农忙时节，不少人家都在“晒场”（农村将刚收获的粮食放在场上晒干）。离张璧家不远是村民“麻麻亮”的晒场。此人天生有眼疾，白天眼睛眯缝着睁不开，总是迷迷糊

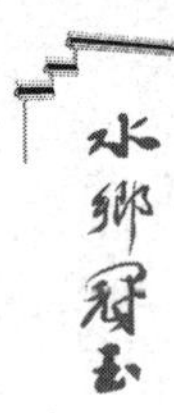

糊的，走路七倒八歪，晚上却比正常人视力好，所以人们都叫他“麻麻亮”。

七月的天似小孩的脸，说变就变，刚才还是骄阳似火，忽然就天色大变，乌云密布，眼看大雨即将来临。父亲赶紧叫张璧拿一卷油布送给看场的母亲，张璧立即飞奔而去。快走到场头时，他突然看到“麻麻亮”正摸索着向晒场走来，走得跌跌撞撞的。张璧见状，没有多想，立即用自己带的油布盖住麻麻亮的晒场。刚盖好，大雨就来了，“麻麻亮”家晒场保住了，而自家的晒场却因为没有油布的覆盖而损失不少。张璧以为父亲肯定会大发雷霆，责备自己，他也做好了挨打挨骂的准备。可出乎意料，父亲一句话也没批评，反而叫他赶紧换衣服，别着凉。这件事让张璧印象极深。

父亲 2004 年病重期间还提过这件事，他笑着说：“我没打你是因为你做得对，保护弱者嘛，如果那次‘麻麻亮’家的粮食被大雨淋湿，他家的生活就更艰难了，不过我却被你妈妈骂了一顿，那可是家里几个月的口粮啊。”张璧呆住了，泪水在眼眶里打转。

父亲就是这样一个人，为自己想得少，为别人想得多。

除了工作作风与善良的品格，父亲的语言表达风格对张璧也产生了较大的影响。父亲虽然只读过三年私塾，文化水平不算高，但讲话很有感染力，尤其是语言活泼形象，讲话从来不用稿子，可听的人都很认真。

父亲小时候曾在常州金坛县一户地主家放过牛，对牛的习性了如指掌，从中积累了不少有关牛的知识、谚语、歇后语、顺口溜等。“牛儿吃草，专拣嫩的咬”“夜里捉牛，摸不着头”“小牛打架——死犟”之类的话常常脱口而出。东家是个开明的地主，非常喜欢这个勤劳、聪明、诚实的小伙子，把他当自己的儿子一样看待，还教他识字、写字，有时让他和自己的儿子一起去镇上书场听常州评话《隋唐演义》《乾隆皇帝下江南》等。常州评话属于地方曲艺，语言活泼而富有内涵，说古道今，形象而风趣，这让小小的放牛娃在语言表达上受益匪浅。

说起父亲的语言魅力，张璧举了几个例子。

有人问他：“你小时候在上海，上海外滩的大楼有多高？”

他说：“那可很高啊，只要你抬头往顶上看，帽子就会掉下来。”

有人问：“你坐过火车，火车有多快？”

他说：“不知道多快，看到头，看不到尾，在车上，只看到路旁的树木迅速向后倒。”

说过的事再重复提起，他便说：“又提这些陈芝麻烂谷子的事了。”

批评别人不讲道理时他说：“牛没力气拖横耙，人没道理说横话。”张璧认为，这些形象生动的语言，今天看来仍有一定道理。

有一年秋天，父亲为了让张璧体会一下种田的辛苦，便亲自带他去收割稻谷。父亲边示范边讲解割稻子的要领：“左手抓住一把稻秆的中央，右手握住镰刀，刀口朝下，稍稍有点倾斜

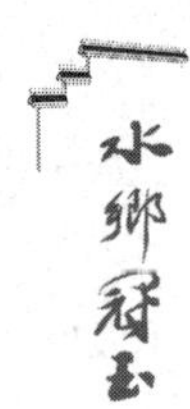

度，既防割到自己又省些力气。刀口离稻根三寸左右，太高了浪费稻草，太低了，人很吃力。”

父亲讲的“斜割”原理，多年之后，在张璧自己的研究生涯中得到了科学的印证。张璧在给研究生们讲授《金属切削原理》这门课时，“斜割”原理是个绕不开的题目。在切削金属的过程中，如果给予刀具一个倾斜角度（前刀角）同时让刀具沿着刀刃方向作侧向运动（增加有效前刀角），就能够大大降低切削力，减少刀具磨损。这与“斜割”稻子有异曲同工之妙。

张璧学着父亲的样子，左手抓住稻秆，一下子没割断，再用力，人差点仰倒。

父亲扶住张璧，说：“右手不要用蛮力，要从左向右上方斜割。”

几次实验下来，张璧终于学会了割稻。

才割了一会儿，张璧就觉得胳膊疼、腰腿酸。父亲给他倒了一碗大麦茶，问：“累吗？累了就歇会儿。”张璧接过父亲递来的大麦茶，一饮而尽。

“你才干了半小时就累了，农民们年年这样啊，如果能用机器收割就好了。”张璧听了父亲的话，默默点点头，出神地望着远方。

为了磨炼张璧，父亲对张璧提出了新的要求：穿草鞋，拾鸡屎。

那是1971年的初春，立春前后，父亲专门为张璧编织了一双草鞋，要张璧穿上草鞋到庄前庄后、田头路边去拾鸡屎。农村的鸡啊鸭啊狗啊猫啊，都是散养的，到处乱跑，到处拉屎，到处脏兮兮、乱糟糟的，父亲让张璧拾鸡屎，一来是为了磨练他的意志，二来也是为了农田积肥，美化环境。

在那个年代，虽说刚刚过了立春，但到处还是天寒地冻的，河面上结了厚厚一层冰，鸡屎也冻得硬邦邦的。穿草鞋，拾鸡屎，这让张璧有了畏难情绪。这时，父亲总会重复一遍他的口头禅："打过春，赤脚奔。我在金坛放牛的时候，冬天穿的都是草鞋，从来都不怕冷。"

知道拗不过父亲，每天一大早，张璧便穿着草鞋，提着粪箕，拿着粪耙子，穿大街走小巷，爬河堤过桥梁，狗屎、鸡屎、鸭屎，只要可以当作肥料的，一摊都不放过。那年春天，张璧捡到的鸡屎堆了整整一大粪缸。

花六小队的张怀本队长看到张璧天天穿草鞋拾鸡屎，在张书记面前夸奖说："书记真是教子有方。"张书记接过话题，意味深长地说："年轻的一代需要吃苦，需要磨炼，水不流要变臭，刀不磨要生锈，人不吃苦要变'修'。"父亲的话，今天听来都很受用。

第三章

漫漫求学路

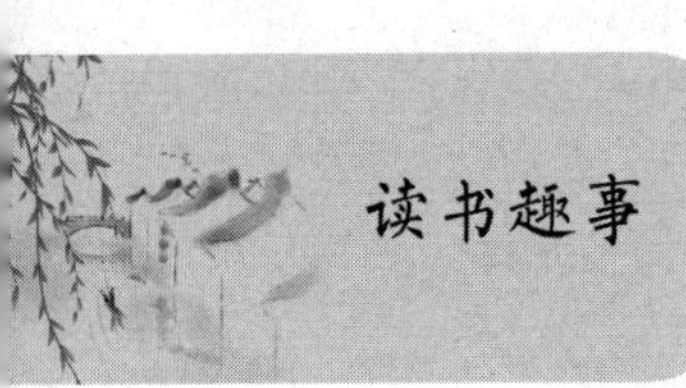

读书趣事

一个人的成长与他所受的启蒙教育有很大的关系，俗话说的“三岁看大，七岁看老”就是这个道理。张璧很有幸，一上学就遇到了他终生难忘的启蒙老师——孙佩桂。

孙老师教学认真是很有名的，几十年如一日，爱生如子，爱校如家，曾荣获“江苏省教育系统劳动模范”称号，在当时的江都县获得这个荣誉的也不多。

花六小学是初小，只有一到四年级，由于学生少，只开了一个复式班，孙老师一人教所有年级的所有课程，工作的辛苦程度可想而知。农村孩子大多顽皮得很，上课也不守规矩。而张璧却与众不同，下课和同学们一起拼命玩，但一到上课便安静下来。老师教的老三篇《为人民服务》《纪念白求恩》《愚公移山》都能够倒背如流，甚至连《实践论》《矛盾论》《人的正确思想是从哪里来的？》等毛主席著作，他都能一字不漏地背诵下来。

后来，他似乎对这些死记硬背的东西兴趣不浓，也许觉得太枯燥，也许觉得太容易了，但对一些机械手工类的小玩意儿表现出浓厚的兴趣，上学时，衣兜里常装些小螺丝、铁钉等玩具，放学回家的路上用芦苇叶编蝈蝈笼子。冬天，他会给自己做“翚头奔”（陀螺），在冰冻的河面上抽打；也会做弹弓，与小伙伴们比赛，看谁打得准。

他甚至还花了一周时间做了个冰车。做冰车颇费工夫，先要准备好木头、铁片等材料，再用铁锤叮叮当当地把铁片扎在木头上，还要用刀把木头一边削成尖形，然后调整、打磨，才能做好冰车。弟弟坐在冰车上，小伙伴们拉着飞奔，在庄子里从东头拉到西头，从南头拉到北头，笑声飞满了整个庄子，飞上了天空。

可父亲很反对他搞这些东西，不许他把铁钉之类的带在口袋里，如果看到都会给他扔掉。然而，后来发生的一件事却改变了父亲的看法。

孙老师办公室有一个落满灰尘的旧闹钟，早已停摆。一天放学后，张璧趁孙老师不在，和一个小伙伴用自带的工具把旧钟给拆散了。孙老师知道后很生气，对张璧说：“你怎么拆下来的，还得给我原样装回去。”

孙老师以为破坏容易，想要复原就很难了，想故意“将他一军”。没想到张璧却答应了，还在天黑之前原样装好了。孙老师很惊奇，这种闹钟除非专业人士，大人都很难拆装，没想到一个小孩凭一把起子、一把小刀就装好了，从此对他刮目相看。

在这件事上，孙老师没有责怪张璧，更没有浇灭他智慧的火花。孙老师把这件事告诉了他父亲，父亲才知道儿子还有这一手。

由于成绩突出，张璧在东葛小学上完五年级后直接跳级上初中。虽然是跳级上初中，他的成绩依然领先。不过他总觉得语文是弱项，写作文时总感觉自己的语言贫乏，无话可说。

记得有一次写作文，题目是《记一次生产劳动》。那时候，学生在作文开头喊口号已成为普遍现象，张璧作文开头也写道："东风万里红旗飘，革命形势无限好。"其时教语文的是年轻校长王春明老师。他把张璧叫到办公室，指着作文说："以后不许这样开头，这是口号作文，没有意义。要写好作文，一定要多看书。"张璧很不理解："为什么别的学生这样写你不说，偏偏不许我这样写？"虽然对老师不解，不过他从此再也没写过这样的"口号作文"了。

想写好作文，要多看书，可农村学校没有图书室，课外阅读几乎为零，他便想方设法找书看。听说庄子里的"小先生"张怀宝读过私塾，家里有藏书，有人曾经看见张怀宝家有一本《康熙字典》。张璧听后眼睛一亮，何不去"小先生"家借书看？

"小先生"张怀宝，庄上的人背后都叫他"呆先生"。为何叫"呆先生"，张璧并不清楚。"小先生"五十多岁了，仍然是个光棍。他行为有点诡异乖张，又有点洁癖，家里的锅碗瓢盆使用过后往往几天都不洗，每次必须划个小船到河中间去洗，他认为河边上常有女人洗小孩的“粑粑”裤子，河中间的水才清洁卫生。

后来因为上级要求“割资本主义尾巴”，村里的小船被当成“资本主义尾巴”给“割”掉了，“小先生”无船可用，无奈之下只能也在河边洗碗。一次，有人看见他捧了五只碗去河边洗，结果不小心脚下打滑，五只碗碰到石头上碎了两只。令人意想不到的是，他竟捡起另外三只好碗，随手摔到石头上，边摔边嘟囔：“蛤嗵什呢倒头呐，跟着脆！”（方言，意思是“还吃什么饭呢，跟着去”）

为了借书，张璧专程去“小先生”家拜访。当“小先生”知道张璧的来意之后，非常遗憾地告诉张璧，他家以前是有不少书，包括《康熙字典》，但后来“破四旧，立四新”，被那些乳臭未干的“红卫兵”小将们给烧了。说着说着，“小先生”竟然哭了起来。张璧一愣，才知道他哪里是“呆”呀，分明就是郁结所致。张璧知道他说到了伤心处，不禁唏嘘不已，连连安慰他。

“文革”期间，像“小先生”家这样藏书给烧了的例子确实不少，即使没有被“红卫兵”查出来烧了，有些人怕惹祸上身，自己也会把书偷偷地烧了。到了“文革”后期，村里有书的人家极少，即使有，也不一定肯借。怎么办？张璧绞尽脑汁。

学生时代的张璧，放学后放下书包，第一件事就是帮助父母做些力所能及的家务，做得最多的就是到河边捞水草、割青草、煮猪食。养猪是老百姓家庭副业收入的主要来源。

有一天放学后，他到西彭供销社去玩，看到供销社正在收购兔子。他突发奇想：养兔子很方便，有草就行，我也可以试试啊。他和父母说自己准备养几只兔子，卖兔子的钱可以拿出一部分用来购买图书和学习用品等等。父亲在北汉村当书记时曾私下让部分农民养过兔子，有这方面的经验。他想：如果儿子利用课余时间养兔子，既能稍稍改善一下家庭经济状况，又让他做了家务，更重要的是能让儿子有条件买书来读。他欣然同意了。

于是母亲去镇上买来两只兔崽子，又向邻居借了兔笼子，张璧便养起兔子来。上学、放学，张璧就多了件事，喂给兔子青草、白菜，有时还用胡萝卜给兔崽子加餐。看着自己喂养的兔子一天天长大，想着自己捧着书的样子，张璧心里别提多开心了。四个月后，有只兔子终于能卖钱了，母亲便用竹篮装着兔子，带着张璧到西彭供销社卖，一共卖了四元九角三分钱。张璧来到文具柜买了两本书，一本《小兵张嘎》、一本《敌后武工队》，那是张璧第一次拥有自己的书。母亲也很开心，破例花七角四分钱买了一斤猪肉。那是张璧吃得最香、最有底气的一次肉，至今想起来都唇齿留香。

后来发生的一件事却让他终止了养兔。那年冬天，为了照顾兔子，他准备将一些穰草给兔子铺在笼子里取暖过冬。把穰草切成小段，这是规定的程序。他让弟弟抓住草，自己用大刀来切。草有点滑，正切着，忽听到弟弟“哇”的一声大叫，原来他的手指碰到刀刃了，右手指缝里鲜血直流，滴到刚切好的稻草里。母亲赶紧拉着弟弟直奔大队卫生室。赤脚医生急忙进行清洗、止血。好在张璧用力较轻，只是手指侧面开了个口子，包扎了一下血就止住了。不过因为这件事，弟弟休息了好几天，张璧也受到父亲的责骂，而且父亲再也不许他养兔子了。

五叔是初中老师，家住在生产队的西头，张璧常去叔叔家借书看，但能看到的也只有鲁迅小说和杂文等少数的书，其他的很少。一次，五叔告诉他，学校唐老师有本《歇后语大全》，轻易不肯借人，不过如果五叔自己和唐老师说一下的话，应该可以借来看几天。那天是星期五，唐老师很给面子，答应借三天，张璧星期一早上还书。

寒冷的冬天，一灯如豆，张璧用父亲的笔记本，白天连着黑夜，花三天时间将这本当时很难见到的《歇后语大全》全部抄了下来。

星期一早上，他如期将书还给唐老师，并告诉唐老师他将书全部抄下来了。唐老师很吃惊，又有点内疚，其实多借几天也可以的，但张璧信守了承诺。张璧这种刻苦求知的精神给老师们留下了很深的印象，所以后来他考上大学、留学，成为教授和科学家，老师们并不感到诧异。

到初二时，张璧对理科的兴趣越来越浓，尤其是数学，经常有自己独到的解题思路。

有一次上数学课，有外地的老师来听课。课上，数学老师讲了一道题目：

新中国成立前，贫苦农民王大爷向狗地主“周扒皮”借了10元钱，被勒索“月3分”利息，一年后，王大爷被狗地主剥削了多少钱？

老师叫张璧回答。张璧并没有用教材上的方法，而是用了另一种方法解答。数学老师很不开心，武断地批评他：“你这种方法不对。”

张璧有点不服气，顶了一句：“老师，这样做不能算错，而且比书上还少了一步呢。”

“你还不承认，是吗？你上来讲给大家听听。”

“讲就讲。”张璧不知哪来的勇气，不慌不忙走上讲台，边讲边演示，向大家解释着自己的方法。听课的老师中有人频频点头，可数学老师依然认为张璧狡辩，她不允许学生不按教材上的方法解题。但张璧没有气馁，没有退缩，反而更加坚定了大胆探索的决心。

尽管那时学校搞开门办学、勤工俭学，不重视教学质量，学不了多少知识，但在这两年的初中时光里，张璧还是很快乐的，成绩在班上始终名列前茅，在一次数学比赛中还得了第二名，学校奖励了他一支钢笔。在张璧的印象中，这也是两年初中生活中唯一的一次学科竞赛。

高中纪事

吴堡中学创办于解放初期，一开始只有初中部，到了1969年才有高中部。说起高中部的创办，还有一段故事。

学生在吴堡中学上完初中后，如果要继续上高中，只能到七八里地外的黄思中学高中部就读。1968年秋季，十一个吴堡籍的学生因为课程进度问题，和黄思中学的校领导发生了严重的冲突。十一个学生一背书包就走："不上了，除了你们，我们还没学上？回吴堡上！"

他们来到吴堡中学，向周正宽校长诉苦，要求吴堡中学办高中部。后经周校长等人的几番努力，第二年吴堡中学就办起了高中部。此后，全校师生上下同心，发奋努力，知耻而后勇，知弱而图强，教学质量一年好似一年，曾有"赛似小扬中（扬州中学）"的说法。

在张壁上初中的时候，学校流行"读书无用论"，学生纷纷停课闹革命，几乎没有什么学习压力。到了吴堡中学读高中后就有点不一样了，形势还是那个形势，老师还是"臭老九"，但

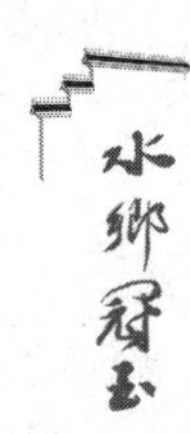

吴堡中学的田恩奎校长是一个有前瞻性眼光的人，他没有随波逐流，口号照样喊，却有所改动。原来上课前背一句毛主席语录“千万不要忘记阶级斗争”或“造反有理，革命无罪”，现在改成“加强纪律性，革命无不胜”或“好好学习，天天向上”。

在开门办学的同时，学校的教学也没有停止。当时全乡有四所初中，吴堡、西彭两所学校人数最多，质量也相对好些。在张璧刚升入高中的那年，田校长想摸一下底，便进行了一次别开生面的比赛。他要求吴堡、西彭两所学校各选一名学生，代表各自学校参加语文、数学两科竞赛。

代表吴堡初中参赛的是赵肖文同学，他是干部子弟，父亲是南京市的一名高级干部、知识分子。从小在这样的环境里耳濡目染，他的各方面成绩都很优秀。代表西彭初中参赛的是张璧同学，一个标准的农家子弟。

人人都认为这注定是一场不对称的竞赛，结果应该没有悬念，乡村的“黑皮小”顽童怎能和城市的“小白脸”学子比呢？但结果却出乎所有人的意料。张璧虽是农村孩子，但毕竟上小学时背过一些国学经典；赵肖文的语文成绩只略高于张璧，数学成绩却不如张璧。张璧一开始拿到数学题目时很紧张，他发现学过的都会做，但有的从来没学过，当然做不出来。其实在当时，赵肖文也是同样的想法：好些没学过呀。

这件事让老师们认识到：乡村里照样出凤凰，农村孩子不一定比城镇孩子差。

“文革”初期，毛主席曾经说过：“学生也是这样，以学为主，兼学别样，即不但学文，也要学工、学农、学军，也要批判资产阶级。学制要缩短，教育要革命，资产阶级知识分子统治我们学校的现象，再也不能继续下去了。”

这就是著名的“五七指示”。一时间，全国上下掀起了学习“五七指示”的热潮，走“五七”道路成了一种时尚，到处办起“五七”工厂、“五七”医院、“五七”学校。吴堡公社也将吉西学校改名为“吴堡公社五七学校”。学生几乎没有作业，经常是半天上课，半天停课支农，美其名曰“勤工俭学”，到农村去拾棉花、挖墒沟、打楝树果等等，后来发展到考试交白卷，甚至取消考试。张璧陷入迷茫中，和许多不甘平庸的学生一样，不知前面的路在何方。

青春岁月就这样虚度吗？张璧没有消沉，而是趁没有学习任务的时候抓紧时间锻炼身体。他几乎参加了学校所有的体育运动，单杠、双杠、乒乓球、跳绳、长跑、短跑、跳高、跳远、铁饼、铅球……尤其喜爱打篮球。他个子高、反应灵敏、身体健硕，体育老师课余时间经常喊他们几个住宿生打篮球。

一场篮球打下来，体力消耗不少，肚子饿得咕咕叫。张璧是出了名的“大食袋”，有时候早上会多买一个大馒头当加餐。在当时，能吃饱肚子就不错了，更不用说考虑营养了。学校的伙食也很差，同学们吃的是“百家饭”（米是学生从家里带的，各种各样），喝的是“驴尿汤”（清汤寡水，几乎没有菜油），一两个星期才能打一次“牙祭”（只有少量的几块肉）。肚子吃不饱又没营养，怎么办？张璧想到了在镇上粮站上班的老乡徐长

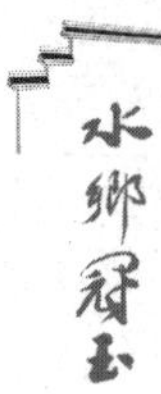

言叔叔。他想得很简单，既然是粮站，粮食肯定多，于是便拉着同学仲富友来到粮站找徐叔叔蹭饭。

张璧平时只顾学习，不怎么会交际，这时为了肚皮却开了窍。他找到徐长言："徐叔叔，我来吴堡中学上高中了，我爸叫我有空来看看你，这不，我刚打完球就来了。"

徐长言这才想起是张书记家的"五济"："哦，五济都长这么大了，上高中了，嘴还真甜啊。你们刚运动过，肚子一定饿了，来，吃碗面条吧。"

张璧二人也不客气，谢了叔叔，便狼吞虎咽地吃了面条，丢下半斤粮票给徐叔叔作为饭钱。徐长言怎么可能要他的粮票呢？这些青少年正是长身体的时候，正需要粮票呢。就这样，张璧以后经常去粮站"看望"徐叔叔，每周至少一次。吃的面条当然要徐叔叔自己掏腰包了。

在那个特殊的年代，一个普通职工的收入也只能勉强糊口，所以张璧父亲年终的时候给徐长言家送去十几斤粮票，以感谢老乡对儿子的照顾。

交白卷让老师伤心

1973 年的高考中，“白卷英雄”张铁生的出现，使中国的人才培养又一次陷入困境，而“四人帮”却对张铁生交白卷的行为大加赞赏。这样黑白颠倒的舆论导向对全国的中小学生产生了极坏的影响，张璧所在的吴堡中学也难以幸免。

那时候虽然没有正儿八经的考试，但张璧的成绩优异是有目共睹的，老师们都对他寄予厚望，他们认为，如果高考恢复了，他是最有希望考上大学的。张铁生事件出现后，吴堡中学也有同学效仿，但农村学生毕竟胆子不大，没有形成气候，尤其是张璧等要求上进的同学并没有参与其中。

在吴堡中学的教师中，教化学的钱梅度老师深受学生喜爱和尊敬。

钱老师是张家港人，出生于江南书香门第，钱家更是名门望族。她在南京师范学院毕业后，听从国家分配，和爱人沈佩斌老师一起来到吴堡这个穷乡僻壤。生活条件虽然艰苦，“读书无用论”虽然盛行，但钱老师还是尽自己所能，努力教好学生。

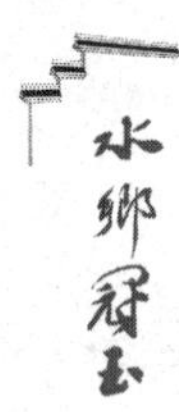

这也是那一代知识分子不甘心随波逐流、默默奉献的典型。在那个特殊的年代，她对待学生如同自己的子女一样，而她最器重的学生就是张璧。

那次化学期终考试前，几个捣蛋鬼悄悄商议，要学习张铁生交白卷，做反潮流的小英雄。老师们也听到了风声，虽然有点紧张，却也无可奈何。那几个学生琢磨着：光我们几个人还不行，最好能鼓动张璧，如果他也交白卷，那才能兴起波澜呢。有人找到张璧，跟他商量这件事。张璧还是头脑清醒的，他婉言相劝："这样不好吧，老师平时对我们蛮好的，你能考多少就考多少，老师也不会批评你。"

这几个捣蛋鬼眼看一计不成，于是又生一计。他们知道张璧爱打篮球，便打算从他的球友中寻找突破口，这大概是三十六计中"围魏救赵"的迂回战术了。他们先说服了张璧要好的同学仲富友交白卷。有一次打完篮球后，几个人席地休息，闲聊中谈到张铁生，个个露出敬佩之情。大家你一言我一语，再加上仲富友的鼓动，张璧动心了。在同学们的轮番劝说下，张璧一时糊涂，竟答应交白卷。不过他也说明，仅此一次，下不为例。

张璧没有食言，那次真的交了白卷，这也是他一生中唯一的一次交白卷。

这件事过去后，张璧渐渐淡忘了。直到后来张璧都已经工作了，才听同学说起，那次钱老师看到张璧也交了白卷，感到既震惊又难受，双眼噙着泪水，好半天没有说话。

这件事对张璧触动很大，他是个特别重情义的人，每次提到这件事总是一番伤怀，唏嘘不已，觉得愧对深爱自己的老师，总想有机会去看望恩师，负荆请罪，以慰平生之愧疚。

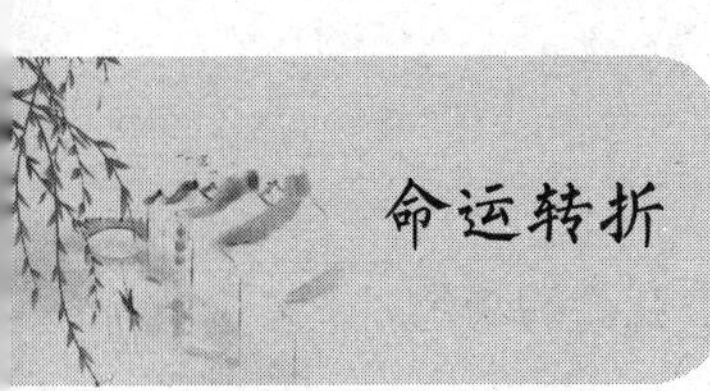

命运转折

在高中毕业后两年多的劳动中，张璧学会了几乎所有的农活：沤田、耕地、耙田、挖墒、割稻、罱泥、做砖头，样样拿得起。这段生活虽然很苦，对他来说，也是一种难得的磨炼。

《孟子·告天下》篇中有一段中国人耳熟能详的话：“故天将降大任于是人也，必先苦其心志，劳其筋骨，饿其体肤，空乏其身，行拂乱其所为，所以动心忍性，增益其所不能。”一个人，只有经历过一番艰难辛苦的磨砺之后，才能担当重大的责任。因为这样的人，其能力通常都会强于常人，实力会比普通人更强大。张璧后来的成就是这段话最好的诠释。

两年后的一天，西彭中学的浦维宏校长突然找上门来，对张璧父亲说：“我们学校缺教师，你儿子这么优秀，天天去做砖坯、挑大粪、挖墒沟，不是浪费人才吗？让他去我们学校做代课教师吧。”父亲觉得浦校长说得实在，爽快地答应了。

暑假后，张璧到西彭中学做了一名民办代课教师，教西彭中学两个初中班的语文，每个班有五十名学生。就像他做任何事情一样，张璧教学认真负责、精益求精，认真备好、上好每一堂课，认真批改每一本作业。当时学校要求学生作文三周两作，张璧每三周批改二百篇作文，工作量非常大。尽管如此，张璧总是兢兢业业、一丝不苟、任劳任怨，常常工作到下半夜才休息。张璧的工作精神受到了校领导以及教师们的一致好评，被推荐为 1976 年江都县优秀民办教师代表。

教学之余，他时常在学校办公室阅读报纸杂志，了解国家大事，关注各种信息，还经常捧起以前的课本复习，尤其对“三机一泵”（柴油机、电动机、拖拉机和水泵）着迷。这也无意中为日后的高考打下了一定的文化基础。

正当他以为自己将沿着这条路一直走下去的时候，命运突然出现了转机。

1977 年秋天是一个金色的季节，农村出现了少有的丰收景象。正当人们准备品尝丰收硕果的时候，这年 10 月下旬，国家恢复了中断十一年的高考。听到这个消息，张璧兴奋得好几个晚上都睡不着觉。

然而，离高考时间只有一个多月，自己能考上吗？张璧心里也没有底。由于受当时极“左”思潮的影响，西彭中学的领导不支持他参加高考，让他坚持教学，不得请假。张璧只好白天坚持教学，晚上在极为简陋的宿舍里复习、备考，缺少复习资料，便向同学借。《高中代数》这本书张璧一直找不到，听说高中同学巫平手里有一本，便打算找他借来看看。结果巫平的书也是从朋友那里借来的，而且对方只给了三天期限，巫平自

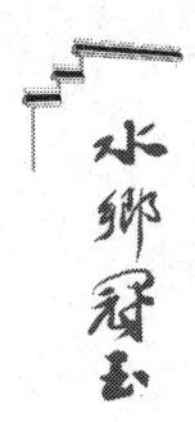

己也在复习，准备高考。张璧只好硬着头皮与巫平协商，只借一个晚上，巫平答应了。

那夜，是紧张忙碌的一夜。张璧在“星垂平野阔”的夜空下，通宵达旦地读完了这本书。张璧本来数学成绩就不错，虽然荒了几年，但基础还是很牢的。当东方露出晨曦的时候，他心里那缕自信的阳光也渐渐升腾，升腾！

1977 年 12 月 11 日，是张璧终生难忘的一天。这一天，他脱去一身“泥制服”，换上干净的衬衫，精神抖擞、满怀信心地走向考场，用他那长满老茧的手，握着那支沉甸甸的笔，准备重新抒写自己的人生。

国家刚恢复高考，许多工作好像还没有准备好，试卷题目有的特别难，有的却很简单。那年全国 570 万考生，录取人数却只有 27 万，录取率才 4.7%。这一刻，张璧的命运开始改变。他是幸运儿，因为他知道自己的功底还行，教学这一年多，也没有完全荒废学业。

第一届高考是先填志愿再考试，凭张璧的实力，老师、同学都叫他填报南京大学、上海交通大学。张璧向年长的唐同吉老师谈了自己心底的话：我家祖祖辈辈是农民，我从小与泥土打交道，干过不少农活。农民一年 365 天，天天起早贪黑地劳动，累弯了腰，到头来却还是吃不饱，为什么？我要报考农校，将来机械化种田，让农民脱离苦海。

一番肺腑之言说得唐老师泪眼婆娑，他紧紧握住张璧的手：“太好了，小张，你说到我心坎里去了，也说到农民心里去了。

你知道吗？每次看到乡亲们弓着腰拉犁，在烈日下暴晒，我都要流泪呀！”

听说张璧报考农校，很多人感到不理解，如此高才生报考农校，学成后再回来种田，这不是傻子一个吗？

首届高考因为报考的人数特别多，分为初考和复考。两次考试，张璧的成绩都是名列前茅，被全国重点大学镇江农业机械学院录取，成为农业机械专业的一名学生，圆了他梦寐以求的农机梦。

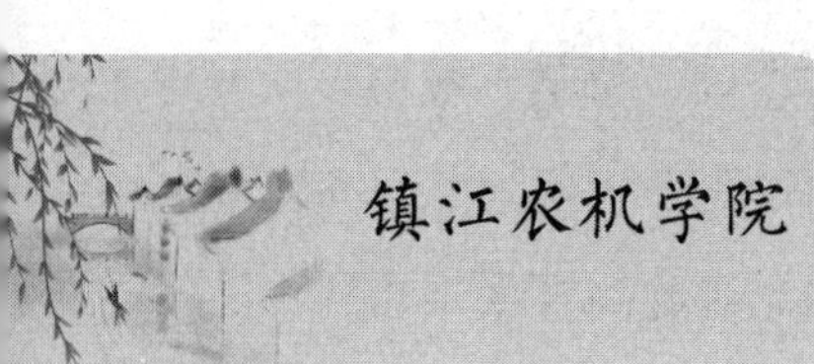

镇江农机学院

镇江农业机械学院，作为国内最早设立农机专业、最早系统开展农机教育的高校，培养了我国第一批农机本科生、硕士生和博士生，为中国的农机事业作出了重要贡献。

1960年，国家批准以南京工学院农业机械工程系为基础筹建南京农业机械学院。一年后，学校迁至镇江，改名为镇江农业机械学院，后被国家确定为88所全国重点大学之一，2001年改名为江苏大学。

告别了父母，背起了行囊，带上心爱的竹笛，在1978年春暖花开的时节，二十一岁的张璧出现在镇江农机学院的校园里。昨天还是一个农村的“黑皮小”，今天却成了“天之骄子”，这让张璧感觉恍如隔世，既激动又兴奋。然而，他没有“娇”和“骄”，非常珍惜这来之不易的读书机会。

说实在话，当初张璧选择学农机，很多人不理解，可他自己从来没有后悔过。看到农民种田每天起早摸黑，特别辛苦，他就暗暗下定决心，立志改变农民的作业方式，让农村实现机械化种田，为农民做点儿实事，让农民从繁重的农活中解放出来，提高生活质量，这是当时最基本、最简单的想法。

带着这样的想法，他决心在大学里努力学习。在“农机大楼”里，张璧开始了自己的追梦人生。

老师们也都非常喜欢这个来自农村的勤奋、朴实而又聪明活泼的年轻人。由于张璧学习刻苦，除了英语外，各门功课都很优秀，作业几乎全“优”。

在农机专业的两个班，教电工课的助教樊荣茂老师尤其喜欢张璧。每次批改作业的时候，樊老师都不需要做范本，只要先批改张璧的，然后以他的做范本，再来批改其他同学的，因为张璧的错误很少。这样，樊老师就省事多了，足见他对张璧的信任。

张璧对樊老师也很尊重，每次电工课，他笔记记得最详细，遇到不懂的也会及时请教。樊老师虽是教电工课的，但文学功底很深厚。张璧写论文时，如果构思立意、遣词造句方面遇到了困难，都会请教樊老师，樊老师每次总是有问必答，从不嫌烦，真正做到了“师者，所以传道授业解惑也”。

在当年，上大学的学生年龄差异很大，有的不到二十岁，有的已经三十大几，在张璧的同班同学中，有一位同学的儿子也同期考上了大学。那时候，校园里学习氛围很浓厚，比学赶超的竞争意识很强，尤其年龄偏大的学生更是争分夺秒，要抓住青春的尾巴。看到张璧成绩优秀，一些年龄较大的同学不服气，自认为是“老三届”毕业的，学习功底好，暗暗和张璧较

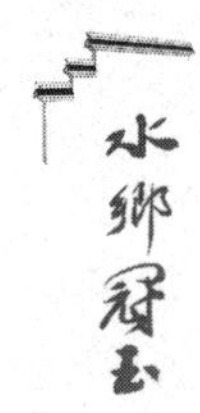

量。一位名叫秦玉的同学比张璧大十几岁，进班时成绩第一，根本不把张璧放在眼里。开学伊始，秦玉的学习成绩确实领先全班，可慢慢地，不管再怎么勤学苦读，考试成绩都追不上张璧了。后来秦玉和张璧还成了好朋友，在毕业后的一次聚会时，秦玉和张璧开玩笑说："你让我追得好苦哇，看你天天跑步、打球，各种运动也没少玩，学得却很轻松，我每天刻苦学习，甚至还因此得了神经官能症，但还是追不上你，只得甘拜下风了。"

在平时的学习中，张璧很想与同学们交流、探讨、学习，哪怕争论也行，但毕竟由于环境的不同和水平的差异，能与他共同探讨和研究的并不多。上了大学不久，他就遇到了一生真正的学友、挚友——陈根保。他们在学习上互帮互助、互相鼓励，在生活上互相照顾，情同手足。

刚入学，他们就和不少同学一样遇到了烦心事——英语基础太差。陈根保来自上海松江一个普通工人家庭，父母文化程度不高，上学时基本没学过英语。张璧也一样，他上高中时有几句喊得很响的口号："不学外国文，照当接班人""不学ABC，照样开机器"。想想也是，中文还不想学，谁会认真学外文呢。那年的高考，除了报考外语专业的同学会加试外语，其他的文科、理科都不考外语。

真是天无绝人之路，正在他们为英语而苦恼的时候，陈根保告诉了他一个消息：每天中午十二点二十，上海人民广播电台有英语教学节目。他已请求父亲寄来教材了。

两人激动地抱在一起，又笑又哭，学好本领是他们共同的、迫切的愿望，如今真的喜从天降，怎能不让两个学子激动万分呢？

教材有了，收音机怎么办？两人商量着一起买一台。一台天津“海河”牌收音机，最便宜也要二十几元。当时张璧因为在班上成绩好，助学金也最高，每月十七元。张璧上大学不久，他家里因为经济困难，就没有再寄钱给他，这十七元本来是用于购买书籍和补贴伙食用的。

前面已经介绍过，张璧的饭量很大。在中学时，他早上还要多买一个馒头当加餐，有时还要去同学、老乡家“蹭饭”吃。上了大学后，他的饭量更大了，碗口大的馒头，别的同学吃一个，他却要吃两个才算饱，而他吃稀饭用的饭盆是一个搪瓷面盆。为了买收音机，张璧决定勒紧裤腰带，不再加餐，又找同学借了钱，去镇江百货商店买了一台“海河”牌收音机。以后每天中午，他俩狼吞虎咽地吃完饭，中午也不休息，来到学校后墙无人处收听英语教学节目。

但由于收音机功率小，加上那里地势低，无线接收天线长度有限，导致信号弱、杂音多，有时即使耳朵贴在收音机上也听不清。张璧突然想到，教学大楼有避雷针，避雷针不就是一根天线吗？

于是他们顺着楼顶的避雷针一路探寻，终于找到了最佳位置，原来避雷针的地线插在大楼边上的空地上。那里杂草丛生，蚊虫众多，一般没有人会去那儿。两人顾不得这些，赶紧接上“天线”接收信号，果然是一个绝佳地点！

就这样，他们边学边练，坚持了一个学期后，两人英语都大有长进。张璧学得极认真，语感越来越好，词汇量也越来越大，英语有了质的飞跃。

说起学英语，还有一个“乌龙”趣事。

由于当时刚恢复高考招生，英语教师奇缺，学校就让一个教俄语的女老师改教英语。俄语老师教英语，真是赶鸭子上架，勉为其难了。尽管老师教学很卖力，但因为英语和俄语的逻辑和发音差别很大，语法的复杂程度也不一样，所以效果不是特别好。

就在她灰心丧气准备“打退堂鼓”的时候，学校组织了英语竞赛。结果竞赛成绩让所有人大跌眼镜：张璧获得全年级第一名，学校为此奖励张璧一本《新英汉词典》。更令人意外的是，第二名也是这个老师教的另一个班的学生。

这下全校炸开了锅，认为这个老师有神助、有魔力。那老师也扬眉吐气起来。

只是张璧心里很清楚，成绩的提高，老师的教学是一方面，但与自己的拼命苦学也密不可分。后来他了解到，获得第二名的同学的父亲就是中学英语教师，所以英语基础非常厉害。

在镇江农机学院里，最让张璧高兴的是，他可以自由自在地阅读，很多在家乡学校根本看不到的书籍，他都能看到。和张璧一样，初来乍到的学子们都有一个共同的想法，就是将十年“文革”期间失去的宝贵时间抢回来，所以同学们都如饥似渴地学习。这样的学风、校风与中学时代不可同日而语：校园里到处是读书学习、研讨的身影；图书馆里每天座无虚席；实验室里四处闪烁着一双双渴求知识的眼睛。

这样的学习氛围让张璧十分满足，但生活上却遇到了一些困难。

那时候，国家就像一个刚睡醒的小孩，还没有恢复元气。学校里的电力供应比较紧张，只能供教室、办公室的师生教学优先使用，学生宿舍没有电风扇，当然更没有空调，夏天热得要命。即使有条件的人家带来电风扇，学校也不允许使用。

实在热得没法子，特别怕热的同学就卷起席子、毯子，爬上六楼楼顶。那里是一块天然的露天大凉台，虽然也有少量蚊子，但总比在宿舍里“蒸桑拿”舒服多了。张璧每次都捷足先登，因为空间有限，去晚了就没有地方铺席子了。

不光是男同学会上楼顶，女同学也会去。很自然地，“露天大铺”分为两块，以一段水管子为界，左边 1/3 是女生的地盘，右边 2/3 是男生的地盘。那时的男女同学相处自然融洽，不会发生抢地盘的事情，更没有非分之想，因为心思都用在学习知识上，哪有闲工夫去想那些卿卿我我的事呢。

四年的大学，张璧就在这“露天大铺”上度过了四年的夏夜。

那里既是休息纳凉的地方，也是莘莘学子交流、娱乐的场所。睡前，同学们常常聊天，谈学习、聊家常、讲趣事、抒豪情。

记得有一个留小胡子的男同学会拉小提琴，张璧会吹竹笛，再加上一个会拉二胡的同学，三个人在楼顶有模有样地演奏起

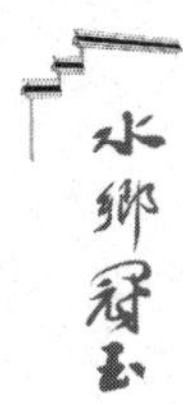

来，虽然不是专业演员，水平有限，但毕竟是那一辈年轻人从心底发出的声音。有时候，几个女同学还跟着唱起歌来。那次唱到激情处，纳凉的所有同学都唱起来：

年轻的朋友们，今天来相会，

举杯赞英雄，光荣属于谁？

为祖国，为四化，流过多少汗？

回首往事心中可有愧？

啊，亲爱的朋友们，

愿我们自豪地举起杯，

挺胸膛，笑扬眉，

光荣属于八十年代的新一辈……

那歌声从楼顶上发出，传遍校园，响彻云霄。

那种其乐融融、激情澎湃的场面，至今想起来都让人觉得充满了青春气息。

也曾遇到“天有不测风云”的时候。有时睡到半夜，狂风突起，电闪雷鸣，眼看雷雨将至，被风吹醒的同学赶紧卷起铺盖飞奔下楼。当然，女生优先，没有哪个男生会争先恐后。几个睡得沉的男同学被大雨浇成“落汤鸡”，让大家笑了好几天。

楼顶大凉台，给充满文化气息的校园、给同学们的生活增添了不少乐趣。

第四章 在日本留学

在大连学日语

不知不觉，张璧的四年大学生活倏忽已过，何去何从？他面临两种选择，一是到局机关、大企业从事一份待遇优厚的工作；二是继续读研深造。绝大多毕业生选择了第一种。十年寒窗苦，几多种田累，家长们盼着子女早就业，早日有丰厚的收入，回报家庭。而读研，既要有相当好的成绩，又会给家庭带来压力。当时的社会现状以及自己的家庭情况已有所好转，为了获得农业机械方面更多、更新的理论知识，为了汲取更多、更广泛的经验，张璧最终还是选择了考研。

他认真学习，积极备考，加之牢固的学习基础，张璧以优异的成绩考取了教育部委托浙江大学招收的首批（“文革”之后）公派留学生，成为当年全国机械制造方向105名考生中录取的5名公派留学生之一，也是当年镇江农机学院六百多名大学毕业生中唯一一个考取的公派留学生，被国家保送，公费出国留学。

去哪个国家的哪个学校留学，国家给了他们选择。

浙江大学负责公派留学生指导工作的导师叫梁允琦。梁教授20世纪30年代曾在英国留学，游历过不少西方科技强国，对世界科技概况最有发言权。张璧向梁老师咨询，全世界农业机械制造哪里最强，梁老师问他为什么要学农业机械。

张璧说出了藏在心里的话："老师，农民种田太苦了，全靠一双手。我想，种田如果实行机械化，就会极大地减轻农民体力负担。"张璧拿出一张一元纸币，指着上面印的女拖拉机手图案说，就是要让农民这样种田。

梁教授听了也很受感动："你想得太好了，我也曾经种过田，知道农民耕种的艰辛。但是我要告诉你的是，农业机械化已为时不远，现在国家的战略目标是实现四个现代化，除了农业，还有工业、国防、科技，四个现代化都离不开机械制造。我国现在最缺乏的就是高精尖机械制造人才，世界上最好的机械制造专业在日本和德国，建议你去那里学'工作机械（机床）'专业，一定会学到更多世界前沿的东西。"

怀揣着为早日实现四个现代化而奋斗的远大抱负，怀揣着自己儿时的农机梦，他毅然填报了日本东京工业大学。

要去日本留学，必须要先过日语关。张璧在大连外国语学院日语培训班进行了为期六个月的速成培训。对于一个几乎没有日语基础的人来说，这么短的时间要学会日语谈何容易！但为了实现自己的理想，他豁出去了！要想实现日常交流，必须达到五六千的词汇量。他给自己定了个超强的学习计划，每天强记200个日语单词。

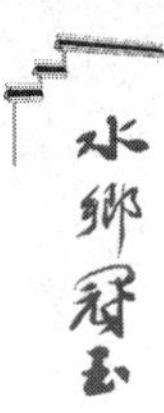

张璧就像一台学习机器，一旦开动就不会松懈，不会停滞，如果白天没有学够，那就晚上继续学。他甚至学会了熄灯学习，很多人听说后都觉得太夸张、太不可思议，可事实确实如此，这也是张璧不同于常人的地方。

他白天背诵200个单词，晚上熄灯后闭上眼睛开始复习，边记边想，脑子里过一遍，如果背不下去或者背错了，再打开灯看一下。就这样不断地强记、苦学，一个多月下来竟然能熟记绝大部分常用词汇。六个月后，张璧以优异的成绩被日本东京工业大学录取为硕博连读的研究生，同时获得日本文部省五年的全额奖学金。

在日语培训的过程中还发生了一件暖心的事，让他终生难忘。

其时的张璧正是长身体的年龄，食量大，经常吃不饱。为了供他读书，家里已经付出了很多，他不忍心再给家里增加经济负担，只能平时省吃俭用。但他由于用脑过度，肚子反倒更饿，时常饿得头昏眼花的，只好猛喝白开水充饥，就这样一直坚持着。

他的中学同学丁绍文当时已是连云港港务局的一名中层干部。他听说张璧在大连学习，便趁海轮停靠大连港之机，来看望多年不见的老同学。见到张璧时，绍文吃了一惊，以前健壮的小伙子，现在已瘦得几乎认不出了，穿的衬衣还打着补丁。当了解到张璧的情况后，绍文被老同学的学习精神所感动，立即将身上所有的72斤粮票和34元钱，加上自己换洗的衬衣，都交给了张璧。张璧非常感谢老同学的雪中送炭，绍文说，同学之间不用谢，希望他早日学成归来，报效祖国。张璧哽咽着说不出话来。

这解燃眉之急的粮票和钱，让张璧信心倍增，学习也更加刻苦。一直到培训结束，张璧还剩了几斤粮票。他没舍得用，至今还保存着，他要留着同学的这片真情，留下人生路上的这段佳话。

机械制造是一门以物理学与力学为基础，涉及机械设计、机械力学、传热与流体、材料科学与工程、系统分析以及控制理论等等。在全球范围内，机械制造专业强大的国家当属日本和德国。张璧权衡再三，决定听从老师的建议，去日本东京工业大学读机械制造专业。日本是近邻，比较而言，生活习惯与国内相近。日本大学研究室设施先进，且日本文部省的全额奖学金也很丰厚，对于来自农村家庭的张璧来说，这也是一个不小的诱惑。

刚到日本，张璧的心灵便感受到了深深的震撼。日本东京繁华的街市，银座的高档店铺，干净整洁的街道，穿梭来往的车辆，美丽的樱花，面包店的香气，彬彬有礼的市民……这一切都让他眼花缭乱，感慨万千：我们国家真的太落后了，什么时候才能赶上日本呢？

夜里更是难以入眠，他想起了故乡，想起了日日辛苦劳作的家乡人。他暗暗下定决心：一定要好好学习，祖国虽然现在落后，但只要我们努力，总有一天会赶上和超过日本，走在世界前列。

这所日本顶尖的工科大学因为名声显赫，汇聚了不少来自世界各地的优秀人才，使得校园里充满了浓厚的学术氛围。

在这里，张璧的生活也因为获得了奖学金而得到明显的改善，渐渐地，他身体也越来越壮实。

“三人行，必有我师”，张璧知道，要学到真正的知识，除了自己努力外，还必须借助外力，要向老师、向同学、向社会虚心学习。张璧非常注重与同学、老师的交往，对人谦恭有礼。张璧对每个人都是真诚的，这使得他赢得了同学们普遍的尊重和信赖。

张璧十分珍惜在东京工业大学学习的机会，根本无心欣赏东京繁华的街市、缤纷的樱花，每日孜孜不倦地在实验室做研究，把每分每秒的时间都用在做学问上。他觉得这里的很多知识是国内看不到、接触不到、学不完的，他要抓紧一切机会去吸收这些知识。

张璧最喜欢的学习方式就是扎进实验室与图书馆。东京工业大学的机械制造实验室拥有日本一流甚至世界一流的先进仪器设备。张璧有一种“刘姥姥进入大观园”的感觉，这些设备对张璧这个“乡巴佬”来说非常奢侈，让他异常兴奋。每天穿梭在实验室与图书馆里之间，贪婪地吮吸着知识的营养，不知疲倦。

课余生活

东京工业大学培养人才的质量很高，要求也非常严格，但绝不会培养“书呆子”。

学校非常注重实践，重视学生全方位的素质培养，要求每个学生必须参加社团活动。张璧的兴趣很广泛，无论是什么活动，只要时间允许，他都积极报名参加。

中午，篮球队员们正在球场上热火朝天地训练。篮球撞击球板的声音令人热血沸腾，吸引了许多师生驻足观看。

一位身体壮实、面色黝黑的青年正在运球。看得出，不论身体素质还是技术他都超过其他队友。他左冲右突，控球自如，球好像粘在他手上一样。旁边几个球员使出浑身解数来阻止，却见他忽地转身，抢一个空当，飞快地运着球，迅速来到篮架旁的三分线处，腾空一跃，篮球在空中划过一道优美的弧线，“砰”的一声，准确地射入篮筐，观众发出一阵掌声和欢呼声。

他就是篮球队队长张璧。打篮球对身体素质要求较高：身高得达标，太矮了肯定不行；反应要灵敏，因为是竞技运动，速度很重要；要有一定的耐力，一场球赛考验着人的体力。还需要有与队友的协调配合能力，孤军奋战是打不了胜仗的。而张璧完全具备这些条件，再加上中学时期的篮球基础打得牢，他如鱼得水，很快成为班级篮球队的中坚力量。

除了篮球外，张璧还参加了网球、棒球、游泳、自行车、爬山等社团活动，课余生活丰富多彩。

学校会经常组织大家参与社会活动，也经常邀请社会人士来校联谊。

柔道是日本很普及的一项体育运动，被日本称为“国技”，柔道运动员都是身体强壮、力量惊人的。

一次，一个日本体育代表团到东京工业大学参观，其间与学生进行联谊活动。其中有一位叫山下泰裕的柔道运动员与张璧同龄，是日本柔道界的泰斗，曾获得过日本最高荣誉奖——“国民荣誉奖”。山下泰裕和张璧班上的同学进行掰手腕比赛。两三个身强力壮的同学和他比赛，没几个回合都败下阵来。正当山下抖动肌肉沾沾自喜、认为无人匹敌时，张璧走过去，拱手说：“我来试试，向您学习。”山下一看，露出不屑的样子，心想，刚才那三员大将，包括美国那个粗壮的黑人小伙子都没赢过我，你还能超过他们吗？

张璧笑笑，在同学们的目光注视下调整好坐姿，深吸一口气。比赛开始，山下一个发力，想和刚才一样一口气把对方压下去，哪知张璧稳如泰山，坚如磐石。山下知道遇上对手了，不敢轻敌。就这样僵持了大约两分钟，张璧稳稳发力，最终将

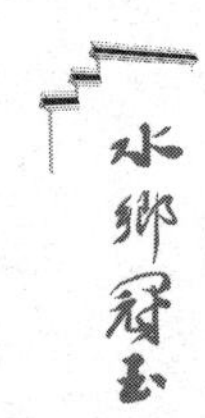

山下的手腕压了下去，赢得了胜利。

他在总结胜利原因时说：“我在旁边观察了，对方是猛力，但没有耐力；只要撑过前30秒，你就可能胜利。我在农村劳动过，尤其是做过砖坯，臂力和耐力得到了锻炼，要知道，厚积而薄发，胜利从来不是偶然的。”

张璧的这种身体耐力，在一次登山活动中更是表现得淋漓尽致。

他的日本老师户仓也是一位户外运动爱好者。那次他带着日本的黑川、非洲的尼尔、菲律宾的阿蒙西奥和中国的张璧四位研究生，五人一起去攀登富士山。

富士山位于本州岛中南部，是日本精神、文化的经典象征之一，在日本人心中是一座蕴含自然魅力、优美、庄严的圣山。到东京不爬富士山，就像到北京不登长城一样，不算好汉。不过富士山终年积雪，出于安全考虑，每年到7月1日才“开山”，即允许登山。

富士山从山脚到山顶共划分为十级，每一级称为一个“合目”。古代没有什么测量工具，就用油灯来测算距离和高程。把一盏油灯加满油，点着后由人拿着灯往前（或向上）走，走到油耗尽、灯熄灭就是一合目。富士山由山脚下出发到半山腰称为五合目，由五合目处再往上攀登，便是六合目、七合目、八合目、九合目，直至山顶的十合目。每合目都有供游人休息的地方。从山脚爬到山顶，一般人要用一天时间。他们五人每人背着一个行囊和一只包，行囊里装的是帐篷、被子、床垫、棉衣、棉裤等野营用的物品，包里放的是水、面包、干粮等食品以及手电筒、照相机、望远镜、收音机等日用品，每个行囊与包均有十几公斤重。

富士山从下往上越爬越陡，一开始坡度不大，五个人都比较轻松。爬到四合目后，到了“马回头”的地方，坡度越来越大，五人之间渐渐拉开距离。在整个爬山的过程中，张璧始终在第一的位置。快到五合目时，菲律宾的阿蒙西奥掉队看不见了，户仓老师赶紧叫张璧回头，替阿蒙西奥背一个包。张璧听从老师的安排，即刻回头去接阿蒙西奥。

阿蒙西奥正坐在一块石头上大口喘着气，见张璧替他背包，很是感谢，一会儿就赶了上来。可是快到六合目时，阿蒙西奥又掉队不见了，老师只好又叫张璧下山替他背行囊。张璧没有犹豫，仍然痛快地答应了。阿蒙西奥既非常感谢张璧的义举，又非常佩服张璧的体力，终于跟上了队伍。而张璧此时身背两个行囊、两个包，又要上下来回跑，体力消耗也很大。就这样爬到七合目，天色已晚，老师决定在七合目的山中小屋住宿。

晚上，大家围着小火炉吃起了烤肉，还兴致勃勃地喝了点日本的清酒。围炉夜话，大家说着白天登山的感受，都对张璧很敬佩，阿蒙西奥更是感激万分，赞美有加：“谁说中国人是‘东亚病夫’，我看张君就是一头雄狮。”

张璧用自己的行动、用铁的事实洗刷了“东亚病夫”这个侮辱性的称号。每当说起这件事，张璧的自豪感便溢于言表。

张璧常说，要学好、用好一个国家的语言，就得深入了解该国的文化，这一点他始终身体力行。去了日本之后，他就与日本同学打成一片，不论是日常生活、科研活动还是运动休闲，甚至是去东京的大街小巷飙车，他都是和大家一起行动。每次活动一结束，大家就去学校附近的餐馆就餐。秋野同学喜欢喝点小酒，渡边同学就给大家透露了一个秘密：研究室的大老板吉川教授好酒，但是酒量不大，一瓶威士忌往往只喝四分之一，剩下的就寄存在酒吧，下次来了再喝，酒瓶上面会写着他的名字。渡边自告奋勇地带领大家在学校周边的酒吧里寻找吉川教授寄存的酒，还真的找到了几个酒吧存有吉川教授的酒。跟吧台的说明情况后，对方总会乐呵呵地将好酒拿出来给同学们分享，还会主动送上几碟下酒小菜。

在与日本学生、老师相处的过程中，张璧的日语进步神速，很快就能够讲出一口流利的“关东腔”式日语，以至于后来他在美国与日本京都大学的访问学者交往了一年多时间，对方一直将他当成日本人。

日本与中国同属于东方文化，日本人也非常讲究长幼尊卑、师道尊严，爱面子、不揭短，尊重上级或师长。张璧说，如果你不了解日本文化，你会很难融入日本社会。对师长不能直来直去地提出批评意见，即使其有明显不对的地方，你也得转弯抹角地提出自己的看法，而不是直截了当地提出批评意见。在与人相处的过程中，就得学会这种隐晦的、含而不露的日本文化。

有一次，外面有人来找川岛（实验室的工作人员），户仓老师告诉来人：川岛去了“一六屋”。张璧当时不解，悄悄问户仓什么是“一六屋”，户仓回答是“质屋”（汉语叫当铺）的意思。张璧一下子蒙了，“一六屋”怎么与“质屋”扯上关系了？户仓解释说，川岛家境困难，去当铺当东西了。日语“质屋”中的质与数字“七”正好同音，发音都是“しち”，日本人便将“七”说成“一六”。将“质屋”说成“一六屋”，不想道出川岛的窘迫生活，更体现了日本隐晦的文化。在日本，不光要学习日语，还得学习日本文化，在人与人的交往中，婉言暗示胜过直截了当，直言伤人会被当成傻瓜。

张璧还讲过一个故事：研究室招聘秘书，一位刚从上智大学毕业的女生来应聘。面试结束之后，有人问此人怎样，人群里蹦出一个词“山樱花”。张璧一直以为女大学生的名字叫作“山樱花”。

张璧后来始终没有看见“山樱花”来上班，取而代之的是另外一位早稻田大学毕业的名叫“竹内”的女生。他就好奇地问户仓，“山樱花”怎么没有被录取。不料户仓听后大笑，说“山樱花”不是她的名字，是她来面试时别人起的绰号，因为她长了一颗大龅牙，而日语中龅牙被婉称为“山樱花”。

看到张璧还是不懂，户仓耐心地给他讲解“山樱花”与普通樱花的区别。普通樱花开花时，满树绽放的全是花，没有叶子，非常艳丽，花期短暂，拥有日本民众所崇尚的生命之美、消亡之美。而“山樱花”正好相反，先长叶子后开花，红花开在绿叶之中，呈现出另外一种生命之美。“先长叶子后开花”的

日语为“はな（花）より，は（叶子）がさき”，与龅牙的特征“はな（鼻子）より，は（齿）がさき”（牙齿比鼻子突出）发音完全相同，“山樱花”因而在日本被婉喻为龅牙。

听了户仓的讲解，张璧不禁哑然失笑，同时也真正感觉到，要学好日语，光靠死记硬背书本是不行的，必须深入生活、深入社会才能学到地道的日语。

永远的遗憾

柏拉图说过：人生最遗憾的，莫过于轻易地放弃了不该放弃的，固执地坚持了不该坚持的。每个人的人生总会有遗憾，张璧心中就有一个永远的遗憾，说来让人既心酸又气愤。

在去日本留学前，张璧已经了解到，日本的精密机械全球领先。经过慎重考虑，他听从梁老师的建议，选择填报了日本机械工程方面最好的大学——东京工业大学“工作机械”专业。哪里知道，他却被录取到该校的“机械工作”专业。

大约一周后，他才隐约发现了问题，“机械工作（即机械制造）”与“工作机械（即机床）”同为四个字，但词序颠倒，内容大相径庭。后来经过了解才恍然大悟，原来是日本文部省的人搞错了，不知道是真的不懂，还是有意为之。张璧找到有关方面，据理力争，然而木已成舟，争辩也无济于事。教授劝他，这两个专业都是学校的主打强项，机械工作也是大有前途的。

1987 年，日本发生了震惊世界的“东芝事件”，起因是日本东芝机械公司背着“巴黎统筹委员会”向苏联出售精密数控机床。众所周知，精密机床是一个国家制造业水平的象征，属于重要战略物资，东芝机械公司卖给苏联精密数控机床，直接导致了美国海军失去探测苏联潜艇的优势。为此，日本首相出面道歉，并在美国五十多家报纸上刊登“悔罪广告”。

后来谈到这件事时，张璧进行了这样的分析：日本是个岛国，工业很发达，特别是高端机床、汽车制造、精密仪器制造、半导体原材料等实力全球领先。但日本人对中国的看法比较复杂：有尊敬的，有鄙视的，有畏惧的，有妒忌的，其中不少人对中国人抱有相当大的成见，害怕中国强大，甚至害怕强大后的中国会用武力复仇。文部省那些负责留学生招生的人极有可能就是右翼分子，他们生怕聪明智慧的中国人学习工作机械后会对他们不利。

带着这样的遗憾，张璧憋着一股劲，在以后的学习中，更加刻苦努力，发愤图强，时时牵挂着祖国，时刻关注国家的科技发展。

印象日本

日本虽然在世界版图上是个不起眼的岛国，但却是不折不扣的教育强国。优越的教学设施，优质的教学环境和教学资源，使得日本大学校园内学术氛围很浓，真正是知识的殿堂。当时张璧在日本读的是“硕博连读”，他先是上了半年的日语学习班，然后上了两年硕士、三年博士。近六年的留学生活让张璧对日本人印象很深。

例如，日本人时间观念特别强。

张璧读博期间曾帮导师西本教授带研究生，其中有一个研究生叫渡边政嘉，是日本皇宫邮政局局长的儿子。渡边每天早上八点准时到实验室与张璧一起投入工作，和其他学生一样，从来没有迟到过。但有一次却迟到了，这在渡边身上从来没发生过，张璧也感到很奇怪。

不一会儿，渡边气喘吁吁地推门进来，脸上和手臂上还有伤痕，衣服上也血迹斑斑：“师兄，实在对不起，出了点意外，我先工作，等会儿再告诉你。”渡边一边鞠躬，一边穿上工作服。

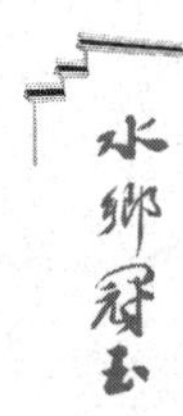

他立即投入了工作，直到上午完成了科研任务，才道出了事情的经过。

原来，渡边因为前一天晚上看书睡得比较迟，早上醒来才发现时间要来不及了，于是顾不上吃早餐，立即骑上750CC（东京都允许的最大排量）的大摩托车往学校赶。因为速度太快，他被交警叫停查询。为了不迟到，他没停车接受检查，而是加大油门冲了过去。东京都的交警很较真，开着警车在后面紧追不舍。渡边在东京都长大，对街巷的路况了如指掌。他迅速拐进一条小巷，准备绕道而行。殊不知，交警已联系小巷另一头的交警拦截，最终抓住了渡边。交警估计是追急了，火冒三丈，也不管什么职业道德了，对渡边拳打脚踢，打得他头破血流，还要罚款处分。听完渡边的叙述，张璧很是吃惊，对日本人的时间观念有了一个新的认识。

还有日本人不浪费的意识强。

初到日本，看到日本人这么富有，张璧想当然地以为，他们的生活肯定很奢侈浪费。他的导师西本教授要学生每天用日文写一篇日记，写自己所见所感。张璧文笔本来就好，日语又很精通，第一篇写的就是日本人如何如何浪费。导师看后“扑哧”一声笑起来，说：“文章写得不错呀，有文采，但你是凭空想象的吧？你以后注意观察，看看现实到底是怎样的。”

经过观察、了解、走访，张璧发现事实大相径庭，日本人不光不浪费，甚至都有点“抠门”了。

日本人从上幼儿园起，就会被家长和老师教育：不可以浪费粮食。老师、学生无论多么有钱，到饭馆吃饭点菜都没有浪费，即使有剩菜，一定会打包带回去，是实实在在的“光盘行动”，国民已经形成了“浪费可耻”的意识。看到中国人洗碗用流水冲，他们大惑不解，怎么这样洗碗呢？不是太浪费水了吗？他们认为完全没必要这样浪费水资源。

在日本的所见所闻让张璧很有感触，也让他养成了终身不浪费的习惯。在南方科技大学工作期间，他在大楼的卫生间贴上“**节省一张纸，拯救一片绿**”，弘扬勤俭节约的精神。

在日本留学多年，张璧发现了一些匪夷所思的现象，经过细致的观察和了解，他终于明白其中大有文章，也体会到日本人的精明之处。

日本电气股份有限公司（NEC）是日本一家大型跨国信息技术公司，总部位于日本东京都，其材料设计与开发研究中心在位于东京与横滨之间的川崎市。1988 年，张璧在该公司实习，从事压电驱动元件的研究工作。

压电驱动元件的核心是压电陶瓷材料。它是一种能将电能转换成机械能的高速高频驱动元件，广泛用于彩色多普勒超声医疗器械、扫描隧道显微镜、原子力显微镜、精密仪器、摄像机与照相机的自动变焦系统、口罩加工机、超声刀柄、超声波清洗机、微电子技术、生物医学工程、海底声呐、探测器、引爆装置等高科技领域，而更多的是在日常生活中为人们服务。它的制造工艺很复杂，技术性很强，有的国家将日本电气的压电驱动元件买回去研究分析，始终无法仿造。

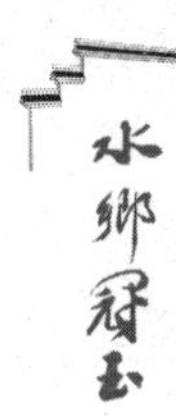

张璧不仅在学习上勤奋刻苦，在人际关系上也极为融洽。无论是在上大学还是留学期间，他的朋友都很多，教师、同学、系里、系外、校内、校外。他非常活跃，很有亲和力，凡是系里的课题项目、学术研究、各种活动，都少不了他的身影。

为了学到这项核心技术，取得真经，张璧更是利用自己地道的日语及良好的人际关系，与上至总经理、研究所所长，下至技术人员、普通员工打成一片，同吃同住同劳动，很快得到几乎所有人的信赖。NEC的员工们工作很敬业，经常加夜班，甚至放弃了周末的休息时间，张璧便也和他们一样。他虽然这样做，心里却有所不解，这些员工图什么呢？图拿加班工资吗？但是公司加班是没有加班费的。经过了解才知道，他们是想将自己的工作做得更加完美，做到极致，既得到公司的认可，又得到同事的尊重，自己还能学到真本领。

压电陶瓷的材料配方是NEC的核心技术，保密性很强，但张璧有得天独厚的条件，一是他来公司本身就是为了在压电驱动元件方面搞研究的；二是介绍张璧来公司的导师和研究所的大野所长是好朋友；第三点，也是最重要的一点，是张璧的人格魅力、亲和力、吃苦质朴的精神得到了大家的一致认可。

张璧全程参与了整个制造工艺的流程，大致过程如下：配料—混合磨细—预烧—二次磨细—烘干—排塑—烧结成瓷—外形加工—高压极化—检测等等，每道工序都不能有丝毫马虎。压电陶瓷成本低，需求量也大，美中不足的是，使用时间一长，会产生裂纹从而导致失效。即使这样，其他国家还是无法仿造。张璧的实习任务是同工程技术人员一起，通过理论分析与实验研究来逐步解决裂纹问题，实现产品最优化。张璧和日本工程师通过日夜奋战，达到了一定的效果。

在这之前，有两个疑问始终困扰着张璧：一是为什么少数技术强国为了得到这项技术，不惜代价，想要分解、研究它的各种材料组成，却始终没有破解；二是这么重要的发明，为什么不申请专利保护?

这一切，终于在一次聚会中得到了解答。

前面提到，张璧的导师与压电陶瓷中心研究所的大野所长是好朋友，张璧是导师推荐来的，所以，大野也很器重张璧。在一次成功的实验后，所长非常兴奋，宣布晚上聚餐欢庆。

酒席上，人人兴奋不已，觥筹交错，谈笑风生。张璧频频举杯，向大野所长敬酒，并适时地提出自己的疑问。酒过三巡，大野放下酒杯，拍拍张璧的肩膀，说："我们从来不透露给外人的，因为你是我朋友介绍的，所以没必要对你隐瞒。"大野慢慢道出了有关专利方面的原委。

他认为申请专利的发明，都是一般的发明，而真正重要的发明不申请专利，恰恰是为了保密，如果申请专利，就会有别有用心的人来刺探情报。日本专利相关制度与我国存在许多相同之处，但也存在明显的差异。客观来讲，日本比我国更早进行知识产权保护，加之日本人做事严谨，他们紧追全球科技进步的前沿，想方设法乃至投机取巧，摘了不少桃子，间或还能在别人基础上再创造。这似乎有点"做贼人防贼人"的意味。

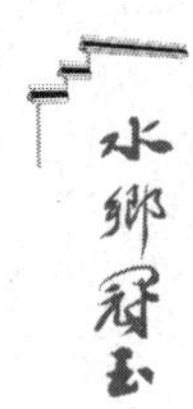

那么为什么别人学不到这项技术呢？大野所长哈哈大笑："为什么压电陶瓷材料我们是全世界做得最好的呢？这就是秘密中的秘密。他们化验得出来的成分是精密的、正确的，但他们不知道压电陶瓷材料的排塑工艺。压电陶瓷的材料组分一共四五十种，在排塑时，已将在制粒时加入的黏合剂等材料组分在加热、烧结过程中分期、分批从毛坯中除掉了，不参加研究哪会知道呢？他们是检测不出来、仿制不出来的，纵有天大的本事也难解其中味。"

张璧听罢不觉一惊，原来日本人是如此精明。

在短短半年的实习中，张璧全身心地投入到科研实践活动中，将所有的材料、配方、工艺全部学到手，将自己所学毫无保留地用于国家的建设，为把我国建设成为科技强国贡献了一份力。同时张璧也感到，日本的专利制度和专利审查制度对我国具有借鉴意义，他也向有关方面提出了自己的建议。

深受震撼

日本丰田汽车公司是一家非常知名的跨国汽车制造商，它的销量排在世界前列。张璧早就听闻日本人精明、认真、注重细节，总想有机会去丰田汽车公司看看。1985 年的秋天，地处名古屋郊外的丰田汽车公司邀请东京工业大学机械工程系的师生前去参观，除两名教师外还有八名学生。这样的机会谁都不想放弃，张璧也申请了。除了七名日本学生外，户仓老师就选了张璧这一个外国留学生。原因很简单，户仓老师毫无狭隘的民族主义思想，并没有因为张璧是中国人而存戒心。那次攀登富士山，张璧勇敢的性格、健壮的身体，尤其是乐于助人的品格，给户仓老师留下了非常深刻的印象。

参观那天，张璧做足了准备，带上照相机和笔记本，想留下重要的图片和数据资料。

一行十人来到丰田汽车公司后，张璧看见门前有提示：禁止拍照、记录。日本人的提示可绝不只是形式而已，一定会落实在行动上的，张璧赶紧把相机寄存了。丰田公司的一位主管

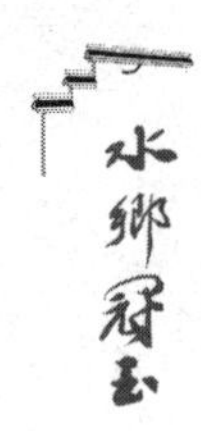

接待了他们，带着他们来到一个很大的厂房里。

丰田汽车总装车间在名古屋市边上一个僻静的小地方——刈谷市。车间四周冷冷清清的，看不见有什么气势磅礴的建筑、热闹繁盛的街区。令人奇怪的是，生产车间里面光线昏暗，一眼望去看不到几个人，只听见机器的响声以及此起彼伏的焊接火花。那位主管告诉他们，整个厂房就是一条生产流水线，所有焊接、冲压、涂装、装配、动力总成等全都是机器人操作，只有少数几个技术人员来回巡视，检测是否有螺丝松动、电路故障等。从东头转到西头，再折向南，最后转过来，一辆完整的汽车就下线了。张璧估摸着，依照这种速度，大概半小时就能生产出一辆汽车。他一边看，一边默默地记忆着一些关键的数据、流程。张璧还向那位主管提出一个问题："这么大的厂房光线这么差，为什么不搞得明亮些呢？"听张璧操着一口流利地道的日语，主管真诚地告诉张璧："我们从幼儿园起就进行节俭教育，工厂里的大部分工作是机器人操作，搞那么明亮，既浪费电也没必要啊。"张璧若有所思。

就在张璧惊叹半小时就能生产一辆车时，那位主管介绍说，一般情况下，五分钟左右就会开出一辆车。听他这么一说，张璧愣住了，简直也不敢相信自己的耳朵。待走到生产线尽头时，他估算了一下，果然五分钟就能出来一辆车。

张璧说，对于那天的所见所闻，他只能用"震撼"一词来形容自己的感受。日本汽车制造自动化、智能化的程度让他震撼：偌大的一个总装车间，比一个足球场还要大，里面有总装流水线以及在流水线上忙碌的数不清的机器人，几乎看不见工人的身影，自动化程度之高，类似于现在的“灯塔工厂”。

后来不久，学校又组织学生去日本东芝中央研究所参观学习。东芝中央研究所研制的空气静压轴承主轴采用了高精轴承技术。空气静压轴承是指用气体（通常是空气）作为润滑介质的静压轴承。空气比油黏滞性小、发热少、无污染，因而可用于高速精密机床和精密仪器等装置中，空气静压轴承由于能够同时承受轴向力和径向力，并且可实现高速度、高精度的回转运动，因此表现出功能上和结构上的特殊优点，其零部件的尺寸精度、几何形状精度和表面光洁度均要求非常高，加工精度要求亚微米级，加工难度极大。

研究所的田中所长是个十分和气而又健谈的老科学家。他告诉同学们，日本对空气轴承技术的研究，虽然相对美英来说起步较晚，却也是当今世界上这方面技术发展最快的国家。他指着一款超精密加工机床说，这个就是采用的空气静压轴承，在此机床上，经过用金刚石刀具进行超精密切削加工得到的激光反射镜的精度已达到 0.05μm 的平面度和 0.001μm 的表面光洁度。采用空气轴承的超精密加工机床，其精度高速度也高，附加设备少，使用方便、造价低，所以很受市场欢迎。

几次参观对张璧的震撼极大，其中一个较深的感受就是：读万卷书还要走万里路。即使书读得再多，如果空谈理论不联系实际，坐井观天不出去走走，故步自封不多交朋友，怎么能争创一流呢？

在日本，不是所有人都能将技术传给你的，日本右翼分子一贯排斥中国。东京工业大学机械工程系的伊东教授就是极端的一个。张璧本想做他的研究生，但他宁可招收韩国、菲律宾、马来西亚、越南的留学生，也绝不招收中国的留学生，甚至连张璧想听他的课都不同意。因为他知道，中国的数控精密机床是软肋，中国人又非常聪明勤奋，一旦让中国人掌握了这些技术，一定会超过日本。张璧知道后非常气愤，他想到了甲午战争，想到了旅顺的日俄战争，想到了南京大屠杀，想到了自己肩负的重任，他咬咬牙暗暗发誓：一定要掌握这些尖端技术，将来一定要超过日本，走着瞧！

这个时候，张璧的人际关系发挥了很大的作用。他以诚相待，请求伊东的学生帮忙，将他们的上课录音和听课笔记借给自己。其实，不少日本学生还是挺正义的，他们既尊重伊东教授的学问，又看不惯他将科技与意识形态挂钩的行为。经过几番努力，张璧终于让伊东的如意算盘落空了。伊东教授恐怕怎么也想不到中国人“曲线学艺”的非凡智慧和锲而不舍的学习精神。说起这件事，张璧哈哈大笑，他揶揄伊东：“伊东教授虽然精明，但他没有学过中国的‘三十六计’。我研究过‘三十六计’，这一招叫‘瞒天过海’，光天化日之下不让他知道，我就过了大海，取了真经，最后还‘三十六计——走为上计’。”

在日本东京工业大学的校园内，张璧秉承一贯的学习精神，无论是樱花盛开的春天，还是缤纷烂漫的夏天，无论是落叶飘零的秋天，还是寒风凛冽的冬天，张璧总是穿梭在图书馆、实验室与合作企业之间，刻苦攻读，不知疲倦，翱翔在知识的海洋中。

放眼世界

在“文革”十年浩劫中，科学技术领域成为重灾区。新中国成立以来十七年的科技工作被当作“反革命的资产阶级科研路线”，遭到彻底否定，我国的科技体系和组织体系都遭到了严重的破坏，许多科学家遭到残酷迫害。

粉碎“四人帮”后，党中央提出在20世纪末实现四个现代化的中心任务。经过一年多的准备，1978年3月，盛况空前的全国科学大会在北京隆重召开，标志着十年动乱后全国科技工作拉开了大幕。

刚进入大学的张璧，听到这些消息后，异常兴奋。他知道科学的春天就要来了，春风吹开了凝冻已久的中华大地，厚重冰封的池塘破冰开裂，柳梢冒出了新芽，花尖绽出了嫩粉，一切的景象都预示着，一个美好的时代将要到来！

当时中国的科技现状却不容乐观，现代科学技术本来就比世界发达国家落后，由于十年动乱，这种差距越拉越大。在中国制造一辆汽车，要经许多人零部件加工、焊接、组装、测试、

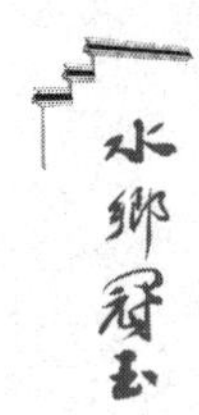

涂装、总装、质量检验等流程，周期很长，而丰田生产车间是流水作业，一个个机器抓手紧张有序地上下翻飞、左右腾挪，整个车间很少看到人，几分钟就能生产出一辆汽车。在东芝中央研究所，张璧看到了用于超精密镜面加工的高端机床与金刚石刀具。目睹这一系列令人咋舌的高科技，张璧既震惊又感慨，中国与其他先进国家在科技上的差距太大了，何时才能赶上他们呢？

初来乍到，张璧对日本既陌生又新鲜，他以自己一贯谦虚、低调、诚恳的态度，广交朋友，开阔自己的眼界，尽量找机会出去走走、增长见识。他知道，只有发愤图强，才能学到真本领，为将来把我国建设成科技强国做出贡献。

他发现，日本有很多学生学习机械制造专业，这与当时国内的情况大不一样。当他问起他的指导老师西本教授时，老师的话振聋发聩：从明治维新起，日本就重视科教，尤其是基础物理、机械制造等，因为它是现代科技与工程的基础。

接着，西本教授拿出一张日本面值最大的一万元纸币，指着图案上的头像问张璧："你知道他是谁吗？他不是天皇、首相、大臣，而是一位平民教育家、思想家、翻译家。他眼光高远、视野独特，经常到欧美先进国家考察，并作出详尽的记录，撰写了《西洋事情初编》一书。它好比一座警钟，惊醒了混沌的日本民众。他的建议深刻地影响了明治政府的决策。国家为了表彰他的功绩，就把他的头像印在日元上。所以说，你们也要出去走走，目光长远、放眼世界。"听了老师的一番诤言，张璧对中国的现代化建设有了更多、更深的思考。

六年的日本留学生活，张璧除了读书、研究，还对日本的社会、文化、教育、农业、环境等诸多方面进行了全面的考察，感叹日本人对生活细节的关注和管理工作的精致。富士山的每一个“合目”都有供游人休息、避风雨的地方；道路上都有明显的路标、提示语，防止游客迷路，保障游客的安全；公共厕所很干净，还提供免费的手纸；在书店买书，营业员会不厌其烦地回答你的每一个问题，买好书还替你包扎整理；地铁上、公共场所里，人们安静地排队等候……

再想到自己的祖国，十年浩劫使国家元气大伤，几千年的中华文明受到严重摧残，尤其是人们科技兴国的意识很淡薄。张璧举了一个例子。

有一年夏天，他随一个科技代表团去南方某汽车制造厂参观。厂区外表很有气派，高大的门楼，漂亮的装饰，园内绿树红花，流水潺潺。厂里的接待也很热情，彩旗飘飘，一派热烈祥和的气氛。

当进入汽车生产车间时，代表团发现，偌大的生产车间里没有空调，工人们在高温下作业，有的还闲散地坐着吃冰棍降温。张璧感到很奇怪，金属物体容易热胀冷缩，火车轨道之间留有空隙就是为了防止铁轨受热膨胀而变形。汽车生产一定要在恒温状态下工作，才能保证质量。在高温下生产的汽车部件，如果到了北方严寒地区，性能肯定会有差异，尤其一些重要的部件，哪怕相差几个微米，都会影响汽车的行驶，甚至影响汽

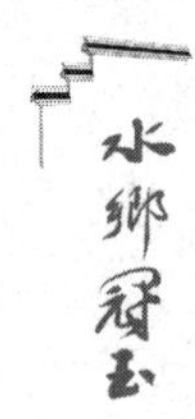

车的寿命。这个常识难道没人知道吗？

他向负责人提出了自己的疑问，负责人也算是个专家，可压根儿就没有“恒温生产”这概念。他说：“我们公司利润低，这么大的厂房装空调，每天得多少电费，工人们有防暑降温费呢。”

“可机器呢？”张璧追问道。

那负责人打哈哈：“这点可忽略不计，微不足道。”

张璧听了，毫不客气地指出：“你是工程师，‘差不多’‘微不足道’这些词不能用在科研上呀”。负责人被张璧说得哑口无言。

后来张璧在湖南工作期间，《当代商报》的记者曾采访他，当问到中日学生的能力有多大差距时，张璧特别激动：“可以这么说，中国的学生绝不比日本学生差，只是十年浩劫耽误了整整一代人。现在改革开放正进入高潮，社会环境越来越好。我们有中国共产党的坚强领导，有优越的社会主义制度，只要我们树立科研兴国的思想，重视科研，加大投入力度，我相信，再过三十年、四十年，中国的综合国力一定会超越欧美、超越日本，再现汉唐盛世。这是历史的必然趋势。”

第五章

在美国任教

赴美取“经”

1988 年年底，张璧学成归国，选择来到上海这座改革开放第一线的国际大都市，到上海交通大学机械工程系（时称六系）从事博士后的科学研究。

张璧工作得心应手，取得了显著的成绩，陆续发表了好几篇高质量的论文，影响越来越大。

其时，而立之年的张璧，工作虽也拥有不小的成就，但他总感到自己的研究成果与世界前沿科技还有不小差距。同时，他也很自信，“跳一跳，够得着”，只要自己足够努力，那树顶上的桃子还是能摘到的。他一边潜心研究，注意总结，一边思考今后的主攻方向。

就在这时，一封美国来的邀请信送到了张璧手中。原来，张璧在 NAMRC 国际会议上发表的《陶瓷材料的单晶金刚石精密加工》一文，受到国际知名学者、美国俄克拉何马州立大学 Ranga Komanduri 教授的特别关注。他一连看了几遍论文，被文中新颖的观点、务实求是的探索精神所吸引，被这位中国青年科学家的缜密思维所折服。Komanduri 教授目光高远、知人善任，认为科学家虽有国籍，但科学无国界，科学是属于全人类的，于是 Komanduri 教授辗转找到张璧，邀请他来美国与自己合作搞研究。

当时张璧正在上海交通大学做科研，氛围融洽，待遇优厚，本想谢绝这个邀请，但考虑到美国是全球科技强国，去那里一定能学到更多更新的知识，将来能更好地为祖国服务，张璧权衡再三，决定接受 Komanduri 教授的邀请，前往美国俄克拉何马州立大学机械工程系做博士后研究员。

为了获得精密制造界的最新知识，也为了了解美国大学的管理方式，张璧走上了一条漫长的“取经之旅”。

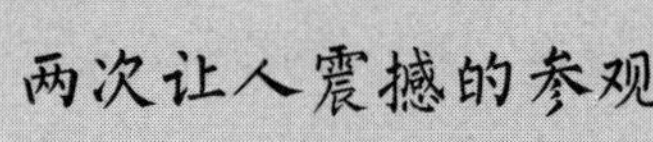

两次让人震撼的参观

来到俄克拉何马州立大学后，张璧经常利用工作之余，广交美国朋友。有个叫迈克的助理教授，老家在俄克拉何马州的第二大城市塔尔萨，经常在周末邀请张璧去他老家做客，饭后茶余就带着张璧参观塔尔萨市博物馆、印第安保留地等。

进入塔尔萨市博物馆，穿过大小不一的展厅与回廊，张璧来到“Treatment of Dead Enemies”展柜前。让人触目惊心的是，剥下来的印第安人的头皮竟赤裸裸地展示在柜子里。据讲解员介绍，当年，欧洲殖民者砍下这些印第安人的头颅后剥下头皮，再往里面灌上热砂，头皮碰到热砂自然收缩成了拳头大小。他们将这些头皮挂在腰上，以此炫耀自己的战功，挂得越多，证明本领越大，得到的奖赏也就越多。他第一次了解到，曾经主宰美洲大陆、人口接近一亿的印第安人，竟然被欧洲殖民者屠杀成少数人种，当年的欧洲殖民者就是杀人狂魔啊！

接着，迈克开车带他去了位于俄克拉何马州西南部的威奇托印第安保留地，一路上给他讲解保留地的情况。印第安保留地制度是欧洲殖民者掠夺印第安人土地的一个手段，他们将印第安人像圈牲口一样圈养起来，不仅使印第安人失去了原有的家园和故土，而且剥夺了他们的自由、独立和权力。政府在保留地里建有住房（保障房），要求土著印第安人从窑洞式的房子中搬出来，住进政府提供的房子，统一管理。印第安人不能离开保留地，外人也不得擅自进入。印第安保留地名义上是为了保护残存的少数印第安人种，给他们一小块土地，让他们的种族得以延续下去，实际上，主要目的是将印第安人与欧洲白人隔离开来，防止印第安人对欧洲白人进行攻击，造成社会治安问题。

带着一颗好奇心，张璧请迈克与印第安保留地的相关人员协商，找了个机会近距离观察草坪上的印第安儿童。张璧发现他们的外表跟亚洲人很像，黝黑的皮肤，圆圆的脸蛋。他不禁心里一怔，难道他们是亚洲人种？后来张璧了解到，根据近代历史学家与考古学家的研究发现，印第安人确实属于东亚黄色人种。

1992 年 8 月，张璧惜别了恩师 Ranga Komanduri 教授，到康涅狄格大学任教。他被该校机械工程系聘为助理教授，同时兼任精密制造研究所下属的精密机床研究中心主任。

康涅狄格州位于美国的东北部，是“新英格兰”地区的 6 个州之一，位于纽约与波士顿之间，是美国人均收入最高的州。康涅狄格大学是康涅狄格州的旗舰大学，也是“新英格兰”地区 6 个州中排名最好的公立大学（康涅狄格州排名最好的私立

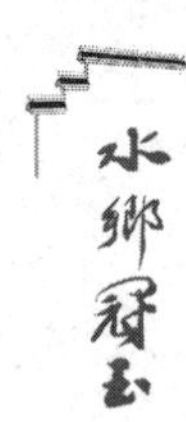

大学是耶鲁大学)。

福克斯伍兹假日赌场附近有一个佩科特博物馆与研究中心，为康涅狄格大学所创办，馆长兼中心主任是康涅狄格大学的Thomas Jeffers教授，是张璧的同事。Jeffers教授有一种使命感，认为不能因为佩科特部落消失了，就让它被遗忘在历史的长河中，他要带领他的研究团队将这段尘封的历史展示在世人的面前，让后人知道，康涅狄格乃至于美洲大陆，原本属于印第安人的故乡，欧洲人鸠占鹊巢，几乎杀尽了印第安人，抢走了他们祖祖辈辈赖以生存的土地。Jeffers教授邀请张璧一定要去佩科特博物馆参观，并向他讲述了佩科特部落六百多名印第安人在四百年前如何被欧洲殖民者消灭的故事。

那是四百年前的一个凌晨，欧洲殖民者借着夜色偷偷包围了佩科特部落的寨子。寨子里面分布着许多蒙古包式样的帐篷，一个挨一个，每个帐篷一户人家。寨子呈正方形，只有一个大门，印第安人用一根根大约三米长的树桩把寨子四周围筑起来，非常坚固，能够防止其他部落的攻击以及野生动物的进入。佩科特部落刚刚联合欧洲殖民者消灭了自己的老对手莫希干(Mohegan)部落，尚沉浸在欢庆胜利的喜悦之中，但是他们不知道死亡之神已经悄悄降临。他们的“同盟者”欧洲殖民者已经调转了枪口，准备对他们的部落进行一场血腥大屠杀。

欧洲殖民者埋伏在寨子的周围，将枪口对准出入口，从四面八方向寨子里扔进了大量的火球。一个个帐篷燃起熊熊大火，睡梦中的男女老少个个被烧得晕头转向，争相逃出寨子。但是，唯一的逃生通道已经被侵略者的枪口封死，出来一个就打死一个。三米高的围墙又无法轻易攀爬过去，即使爬上围墙，不是摔死，也会被打死。据介绍，除了一个 17 岁的印第安少年翻墙得以逃脱，六百多人的佩科特部落全部被屠杀殆尽。

张璧还没有从塔尔萨市博物馆的参观缓过神来，这次的参观更是让他触目惊心，深受震撼。他深刻地理解到“落后就要挨打”这句话，落后就会种族灭绝，自强才能自立。比起欧洲殖民者，印第安人人口数量绝对占优，但是为什么在欧洲人面前会如此不堪一击？说到底还是武器太落后，科技太落后。

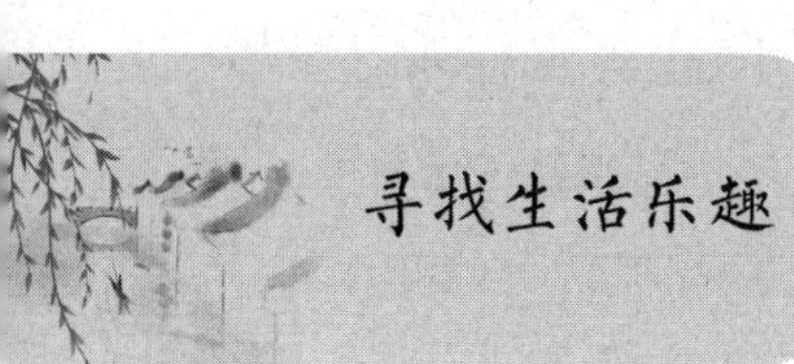

寻找生活乐趣

在俄克拉何马州立大学，Komanduri 教授很喜欢这个既谦虚又不卑微、既爱交往又不张扬、勤奋且好学的青年学者，张璧也十分珍惜在此学习研究的机会。优美的校园环境、宽松的学习氛围，让他在科研天地间自由驰骋，他像海绵一样默默地、一点一点地吸收着世界科技前沿的先进知识。

《礼记·学记》里说“学然后知不足，教然后知困”，在 Komanduri 教授这里，张璧对这句话有了更深的体会。他越学越感到自己知识的不足，越研究越发现更多问题。他给自己定下一个目标：以不懈的努力，潜心科研，将精密制造的国际最高水平、最尖端的技术学到手。

两年后，美国的康涅狄格大学筹建了世界最大的精密制造研究所，求贤若渴，他们早就盯上了这个充满才气而又勤奋好学的中国青年，特邀他来校任教。

他是美国康涅狄格大学 1881 年建校以来第一位中国籍的机械工程系教授。他终于以中国人的身份，堂堂正正地站在外国高等学府的讲台上，传播着知识，让美国人刮目相看。

在这期间，张璧的生活也发生了很大变化。张璧在康涅狄格大学附近购买了一套二手房，这是他第一次拥有了属于自己的房子。住房建在森林之中，占地面积三英亩，别墅前后都有草坪和院子。他在前院种花木，后院种蔬菜。每到周末，只要没有工作安排，他便陪孩子玩耍，一起莳弄花木、打理菜园。

美国不少人家把鸡当宠物养，张璧的两个孩子也特别喜欢鸡。美国《动物福利法》规定，每户养鸡不超过 16 只。于是他便去市场上买了 10 只半大的鸡，还特意选了几种不同颜色的鸡，白的、黑的、黄的、红的、花的，这些小生灵的到来，给院子平添了许多生趣。

“老鹰捉小鸡”是中国儿童常玩的一种游戏。可在张璧住宅的院子里，却上演过真实版的“老鹰捉小鸡”。森林里那些小虫子、小草、浆果之类是小鸡们最爱吃的。有一天下午三点，孩子们放学回来后，把小鸡们放出去吃食。鸡们扑棱着翅膀来到森林边，正吃得起劲，冷不防，一只老鹰从半空中俯冲下来，鸡们吓得尖叫着四散逃窜。等到孩子们听到叫声出来驱赶老鹰时，来不及逃走的小鸡已经被老鹰叼走了。

除了白天的老鹰，夜间还会有红狐狸、黑熊、郊狼、黑貂、浣熊之类的野生动物来偷袭。几番浩劫，鸡群里的小鸡只剩下一半。为了让孩子们能尽兴地喂养小鸡，张璧用了各种办法阻止这些“偷鸡贼”，但效果不太大。为了对付这些“偷鸡贼”，张璧用笼子进行捕捉，捉到之后让孩子们尽兴喂养几天，再用皮卡驱车将“偷鸡贼”送到20英里之外的森林里放生。

除了养鸡种菜，张璧一有休闲时间，还常和教师们去钓鱼。

都说美国奇葩规定很多，最奇葩的莫过于钓鱼了。

钓鱼要有执照，且每个州的执照都不一样，执照可以在网上购买，一般30美元左右。美国有专门查钓鱼的“水警”，那些水警查钓鱼之严苛，简直让人受不了。即使再注意，也总有疏忽的时候，张璧有一次因为救生衣稍小而被罚过款。

谈及钓鱼，张璧告诉笔者一则笑话：

某警欲刁难一黑人钓者，初用尺量其鱼是否达标，继而观鱼是否在禁钓之列。见钓者无懈可击，警不死心，竟出怪招，扒开鱼臀，嗅其屁股之味，其技甚于犬。或曰：此乃麻州之鱼也，可有麻州执照否？或曰：此乃康州之鱼也，可有康州执照否？钓者一一出示。警吹毛而无疵，正欲离去，黑人唤之：“警哥，汝尚有一屁股未嗅。”“在何处？吾即来嗅！”警哥惊回首，但见黑人脱裤撅臀以示之……

中医大师

在康涅狄格大学，张璧还曾被称为“中医大师”。谈到此事，还得从张璧儿时的经历说起。

小时候的张璧，除了关注农业机械外，还曾做过“中医梦”。

张璧是家中长子，平常除了做晚饭、打猪草，还要带好弟弟妹妹们。那次小妹突发急症被送到西彭医院治疗，其中有一个治疗细节，张璧至今清晰记得。

看病的医生叫徐如锦，出身泰州的中医世家。虽说是中医，但在农村就得是“全科医生”。徐医生五十岁不到，又瘦又高，十分精干。见小妹昏厥不醒，口吐白沫，立即就诊。他一手按着小妹嘴唇，一手揉着小妹手上的“虎口”，约莫两分钟的辰光，小妹醒了。徐医生说：“没事了，回去吃点药吧。”现在回想起来，徐医生的治疗手法应该叫“掐人中，拿合谷”，是常见的中医按摩手法。从那时起，张璧便觉得中医玄不可测。

及至上中学时，张璧常常见到有些病人明明病得不严重，却无端地离世，这让张璧格外揪心，从心底产生了一个愿望：

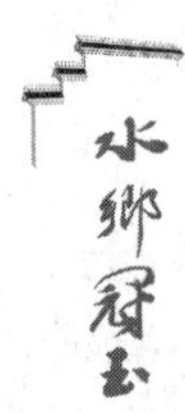

不做鲁迅笔下只知种田逮鸟的闰土，要做一名中医郎中，云游四方，悬壶济世。后来亲历母亲看腰病，张璧更坚定了这一信念。

母亲以前一直很健康，可由于常年劳作，腰身越来越弯，以往腰痛还能坚持，有一次实在痛得不行，张璧立即划船，将母亲送到就近的吉西村成医生家里。成医生祖上是清朝当地有名的中医成濂。成医生看到母亲后，说："又来了一个。"大概是刚看过这类的病人。

他拿出一大一小两块膏药，用罩子灯烘热，大的贴在膝盖弯里，小的上有一粒黄豆大的膏药，贴在耳朵上。成医生叮嘱张璧替母亲揉大膏药，她自己揉耳朵上的小膏药。

刚揉没几下，母亲就连声叫"疼，疼——"，成医生笑笑："好，好，疼就对了。"张璧不解其意，疼怎么是好呢？一会儿，母亲就能走路了。张璧再次领略了中医的神奇。

在湖南大学工作期间，张璧也遇到过类似的情况。一个要好的同事久咳不治，找到一个姓欧阳的中医诊治。张璧每次都陪着同事一起去，一来二去，他和欧阳医生聊熟了。欧阳医生用的是耳穴压豆疗法，效果很明显，张璧有心想学，可欧阳医生轻易不肯传人。

俗话说，心诚则灵。他相信，只要自己心够诚，一定能打动欧阳医生。

一次聊天时，欧阳医生无意中说："你们那里的苏北大米很出名啊。"说者无意，听者有心，不久，张璧趁着回老家时，带回一袋亮晶晶的苏北大米。等欧阳医生下班，张璧说：“我跟你一块儿回家。”于是，他就扛着那袋大米送到了欧阳医生家。

欧阳医生被他的诚心所感动，给了他两本书和一盒耳穴贴豆材料（包括王不留行籽、小镊子、塑料压籽棒等），并告诉张璧，替他同事看病贴的是耳朵上的心、皮质下、枕、神门等几个穴位。心是主穴，心主神明；其他是配穴，皮质下是安神的，枕有镇咳之效，神门能止疼……欧阳医生一席话让张璧顿有“与君一席话，胜读十年书”的感觉。

这以后，张璧经常利用工作之余学习中医，遇到不懂的就请教欧阳医生。两三个月后，他自己已经能独立操作了。欧阳医生还手把手地教会了张璧针灸技术，教他如何根据病情对症下针，如何准确地寻找穴位，如何扎针、运针、捻针等。在欧阳医生的悉心指导之下，加上张璧平时日积月累地研读过 100 多本中医书籍，对于中医的上病下治、左病右治等辨证施治理念以及阴阳五行、人体经络等中医理论有了一定程度的了解，张璧的针灸实操技术进步飞快。他还参加了长沙市的中医针灸师资格考试，获得了二级针灸师资格证书。张璧常常对朋友们开玩笑说，我要是不当教授了，就去开个中医诊所，替人看病。

一天晚上，也许是工作久坐伤腰，又偶感风寒，张璧的腰突然疼得不能动，好在耳穴贴豆材料就在办公桌抽屉里。他赶紧活学活用，选了腰椎骶、神门等几个穴位贴豆。按摩三四分钟左右，奇迹出现了，腰立马就恢复了。他立即编了个顺口溜，告诉家人：“人说站着说话不腰疼，我是坐着看书腰亦疼，耳穴

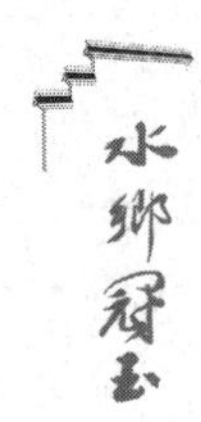

贴豆三分钟，腰不疼了，真神！”

2010 年，为了小试身手，张璧决定在康涅狄格大学校园内义诊。他在学校的大楼“Student Union”申请了一间办公室，专门用于义诊活动。他在办公室门口立了一块醒目的小黑板，写上：中医免费看诊，时间为每周三中午十二点至下午两点。没有写诊疗，因为在美国，没有执业医师证是不允许开诊所的。

刚开始几周，门可罗雀。人们怀疑，耳朵上贴几个膏药就能治病？不过美国看病比较麻烦，需要有保险，否则医疗费非常贵，所以有些老人有了小毛病也不愿意去大医院，便来找张璧试试，往往都有一定的疗效。

有个白人大四学生 Jason 上课总喜欢坐在最后一排，经常迟到或者旷课，学习成绩很差。张璧找他谈心，问他怎么回事。Jason 说他患有 ADHD 疾病多年了，还有酣睡症，需要睡足 20 个小时才能醒来；上课必须坐在最后一排，否则只要后面有人，他就会很不自在。了解了这些情况后，张璧问他是否愿意尝试一下中医疗法。征得同意后，张璧用了四周时间解决了他的问题，他每次睡眠时间缩短到 9—10 小时，上课也正常了。

与 Jason 相反，有个女老师失眠，在张璧那里治完后，睡眠基本上就正常了。还有一位老师肩周炎，快半年时间了，疼得连穿衣服都需要有人帮忙，张璧一个星期就让他恢复如初。张璧治愈的例子不断增多，后来一传十，十传百，看病的人越来越多，他不得不在小黑板上加上一句：每次看诊 20 人。

由于耳穴贴豆疗法是绿色疗法，无副作用，安全有效，通用广泛，有的能立竿见影，张璧这样的义诊感动了康涅狄格大学的许多师生，给越来越多的美国人留下深刻的印象：中医博大精深，中国医生仁心仁术，中国文化源远流长。人们都纷纷称赞他是“教授里的中医大师”。

张璧听了笑笑：“我哪里是什么大师呀，我只学了中医的一点皮毛。”2013 年，张璧全职回国工作后，还有一些康涅狄格大学的师生打越洋电话找张璧看病，张璧打趣地告诉对方，你们来中国看病吧，这里的医生都是真大夫，我就是个“假郎中”。

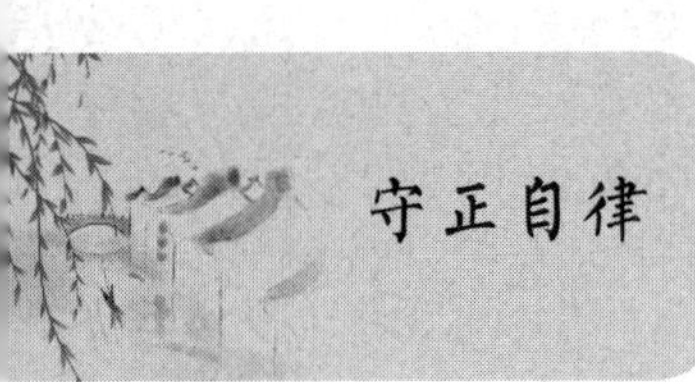

守正自律

鲁迅刻“早”励志的故事，在中国已是家喻户晓。张璧小时候就听孙老师讲过多遍。受传统文化的影响，他从小就养成了严谨自律、恪守正道的品行，并且贯穿始终。

在美国任教期间，张璧生活严谨朴实，处处自律，不抽烟，不酗酒，不吸毒，不赌博。他为人处世的宗旨是：信守承诺，答应别人的事一定要做到；遵纪守法，于人有害的事坚决不做，违法违纪的事坚决不干。他总是用自己的行为去影响别人，为中国留学生树立了榜样，为中国的形象加分添彩。

在一些美国人眼中，中国留学生慵懒拖拉、公私不分。尽管绝大多数中国留学生是勤奋好学、遵纪守法的，但的确有少数人懒惰随意，毫无敬畏之心。有的学生上课提不出问题，或者提出的问题非常浅显，其实只要自己努力点儿，认真思考，就会有结果；有的学生晚上贪玩，早上上课迟到；有的学生生活不检点，排队随意加塞，开车闯红灯等陋习难以革除。

在国内工作时，张璧也常用身边的例子教育学生，要自爱自律、守正守法。在张璧工作过的大学里，他的守正自律享有盛名，给师生们留下了难忘的印象。张璧在校内如此，在校外也一样。

一次，他应邀去某个大学做一个讲座。讲座是第二天早上七点，张璧本来打算坐晚上的飞机提前到，哪知那天晚上下起了暴雨，飞机无法起飞，也不知道航班什么时候能恢复。负责联系的工作人员准备让他在机场候机，实在飞不成就取消行程。张璧没有同意，他说几百人的讲座都定好了，不能因为他而取消。他立即叫了辆出租车，连夜赶路十几个小时，第二天早上提前十几分钟赶到会场。当人们知道事情的经过时，全场爆发出雷鸣般的掌声，以示对守正自律的张教授的敬意。

认识与启示

在美国二十多年的教学生涯中，张璧掌握了不少世界最前沿的技术，成为某些领域的领军者，更是从美国的科技发展中得到了许多有益的启示。

1997 年，张璧被聘为美国康涅狄格大学终身教授。这不仅是对他取得的成就的肯定，也是对一个中国科学家的尊重和认可。要知道，能得到终身教授一职是非常不容易的。在美国，终身教授是一个非常令人羡慕的职业，其稳定性只有联邦法官才能与之相比。

美国终身教授制度是在 1940 年由美国大学教授协会确立的，其主要目的就是吸引一流的优秀人才。要求候选人在规定的年限之内取得足够的成绩，还要看综合素质和科研能力，而不仅仅看论文数量。每一个岗位竞争都非常激烈，甚至是白热化的，几百名优秀人才竞争一个岗位是常见的事；还要经过非常严谨、繁琐而漫长的考核，方可获得。而一旦成为终身教授，就获得了真正的学术自由，衣食无忧，可根据自己的规划安排长远的职业发展。所以，终身教授制虽然被一些人诟病，但对优秀人才的聚集效应是明显的，对奠定美国科学技术原始创新的地位功不可没。

后来，湖南《当代商报》记者在采访张璧时问到中美人才问题，张璧做了一个很形象的比喻：中国的人才结构是“橄榄形”的，而美国人才结构是“腰鼓形”的。见记者没听懂，张璧详细谈了自己的认识。

一个社会的文明程度，与大众教育程度密切相关。在美国学习与工作的这些年里，张璧对美国社会有了深入的了解，总结起来是两头大、中间小，即所谓的“腰鼓形”。腰鼓的一头是精英阶层，以犹太人为典型代表，他们掌控着美国的政治、经济、科技、文化、教育、宗教等方方面面，这一批人的主体是外来移民，他们家庭富有，经济条件好，受教育程度高，生活在社会的中上层，民主党代表的是精英阶层；腰鼓的另一头是草根阶层，以早期的移民为主，包括下层白人、黑人、拉美裔人，他们的经济条件一般，受教育程度普遍低，生活在社会的底层，共和党代表的是草根阶层。

说起草根阶层，张璧举了个例子。有一次去沃尔玛购物，张璧买了一双 8.15 元的拖鞋，给了收银员 10.15 元，收银员蒙了：10 块钱足够了，你为什么给我 10.15 元？至于在找零钱时，需要用计算器，否则“10.15–8.15= 2.0”这样的公式算不出来。在张璧接触过的草根阶层中，很多人知识贫乏，视野狭窄，一辈子没有去过外国，尤其是东方国家。所以，当特朗普提议通

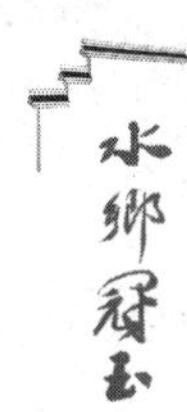

过“注射消毒剂”来杀死新冠病毒时，真的有人这么去做，还出了人命。

张璧说，美国的中西部以草根阶层为主，譬如俄克拉何马州，刚开始接触时，他们给人的印象是直率、朴实、憨厚、大度、爽快。然而，长久接触后你会发现，他们故步自封，因循守旧，缺乏创新，落后于时代，崇尚白人至上，认为余皆劣种。与之不同的是东部地区，尤其是东北部，人们保留了英国的文化与传统，崇尚知识，重视教育，崇尚英国的价值观，做事精明，精于算计。

在美国大学的圈子里，大家都知道，康涅狄格大学以内斗著名。副校长与校长斗，院长与副校长斗，系主任与院长斗，教授与教授斗。当年一位校长在内斗中惨败，悻悻辞职离去。新任校长上任三把火，将前任校长的人马统统换掉了，包括副校长、院长、系主任、研究所所长等等。这还不算，他把前任校长的业绩也统统铲除了，对科研院所、学科专业等进行人员更换、名称修改、内容更改等等，不能留下前任的任何痕迹。内斗到最激烈的阶段，相关人员必须站队：支持一方，反对另一方；一旦选错，后果严重。曾有工学院院长与校长内斗，其结果是胳膊拧不过大腿，惨败。校长随即宣布免去其院长职务，重新招聘院长。院长候选人当中有一位是校长推荐的人选，这几乎是公开的秘密。招聘委员会由资深的七名教授组成，有三人对校长不按程序突然罢免院长感到不满，另外三个人赞成校长的做法，还有一位不发表意见。对候选人投票表决的结果是三票支持，三票反对，一票弃权。尽管如此，校长最后还是聘用了他推荐的人当了院长。这位院长上任后仗着校长的支持开始清除异己，不但先后将三名投反对票的教授赶出了康涅狄格大学，而且也给投弃权票的教授穿小鞋，处处给他制造麻烦。最后，这位教授也只能愤然离开了康涅狄格大学。

再看看美国的年轻人。他们都想挣快钱，读大学不愿意选择 STEM（科学、技术、工程、数学）专业，因为这些专业难度大、时间长、挣钱少。另外，在美国大学攻读博士学位的人当中，93% 以上是外国留学生，其中中国大陆留学生占比最大，达到 40% 以上，印度第二，占 20% 以上，再往下排是韩国、我国台湾地区、土耳其与伊朗。

而中国的人才结构是“橄榄型”的，就是极强的少，极弱的也少，大多数处于中游，比上不足，比下有余。

这两种人才结构各有所长，问题就在于高端人才的差异上。张璧开心地说，现在中国高度重视科技和人才，高端人才越来越多，这都是我国科技兴国的主力军。

张璧在采访中，较多地谈到中美科技和教育。当说到美国科技发展对中国的启示时，他沉思良久，作出了深刻、独到而又一分为二的分析。

1933 年罗斯福总统很有前瞻性地推行了“罗斯福新政”，主要考虑的是美国怎样发展，怎样成为世界强国，他认为只有科技领先才能超越其他国家。于是，他让时任国家科学顾问的美国传奇科学家范内尔·布什教授对科学发展做广泛的研究并形

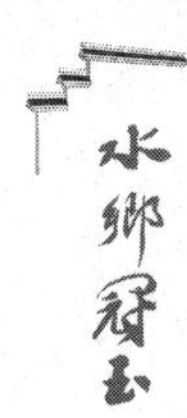

成方案。

布什教授是个研究领域极广博、研究态度极严谨的人，他先后咨询了几百名世界知名的科学家，与他们研究讨论，最后形成专题报告《科学·无尽的前沿》。报告中强调基础科学研究的重要性，强调了科技创新，认为只有创新，科技才能进步；只有科技进步，国家才能强盛，才能引领世界。“罗斯福新政”与终身教授制度奠定了美国二战以来在科技方面的领先地位，为美国成为全球性科技强国打下了坚实的基础。

然而，几十年过去了，美国已经不是当年的美国。美国的精英阶层为了自己的利益，内斗与纷争越来越严重，康涅狄格大学只是一个缩影而已。尤其是自“9·11事件”之后，美国政府对于教育的投入在缩减，科研经费也在不断缩减，人才培养已经出现断层现象。譬如说制造业，谁都知道这是一个国家的根基。但是美国的制造业萎缩得非常严重，特朗普任期内想重振制造业，但是困难重重，最后不了了之。

张璧举例说，最近十多年，每年的国际精密制造学会年度大会，黄头发的学者越来越少，黑头发的学者越来越多，这与三四十年前正好相反。

“他山之石，可以攻玉。”张璧说，虽然中美两国由于社会制度、历史文化方面的差异，中国不能也不应简单套用、模仿美国的模式，但是全面了解美国在创新方面的成功经验是很有必要的。在全球经济化的浪潮中，我们更要抓住机遇，迎接挑战，坚持开放和国际化，学习一切先进的东西，取其精华，去其糟粕，走具有中国特色的科学发展道路。

《三国演义》中，诸葛亮说过，“凤翱翔于千仞兮，非梧不栖”。如果没有梧桐树，怎么落凤凰？让张璧倍感欣慰的是，我们国家正处在一个科技发展的最好时代，越来越多的留学生选择回国发展。希望年轻人不光读万卷书，更要走万里路，脚踏实地，志存高远，成为国家科技事业未来的中坚力量。

在美国，大学教授是个十分受人尊敬的群体，终身教授是绝大部分学者所向往的，全美各大学的终身教授仅有30万个左右。由于张璧的研究成果显著，1994年被康涅狄格大学推荐为“美国总统奖”的唯一候选人，这样高的荣誉给一个中国人是前所未有的。

在进入康涅狄格大学后，科学强国的信念和对于所学专业的热爱，都促使张璧更加勤奋好学，而他的学习精神、他所取得的成绩也令美国同行们心悦诚服。1992年，张璧受聘为助理教授。从助理教授升任终身副教授，一般有六年考察期，第六年才有资格参评，除了看学术、成绩，还要看人品、口碑。张璧以其出色的表现，提前于1997年就被破格提拔为终身副教授，之后还担任了学科主任，这是非常不容易的。

在美国，张璧载誉前行，可以说是志得意满，无论是人生阅历还是知识储备都日趋成熟。康涅狄格大学前任工学院院长Amir Faghri教授曾经感慨：“我1995年应聘康涅狄格大学机械工程系系主任职位时，发现张璧的科研经费占全系的一半左右，他无疑是机械工程系一颗最耀眼的新星。”

成为终身教授后，张璧的科研压力小，自主空间大。他决定将自己的设想变为现实，为祖国培养本领域的高端人才。他通过各种渠道，与国内许多高校建立了联系，于 2001 年至 2009 年兼任教育部湖南大学特聘教授，同时兼任科技部“国家高效磨削工程技术研究中心”总工程师。

为了帮助祖国培养优秀科技人才，作为康涅狄格大学“中国留学生联谊会”四百多位中国留学生的指导教授，张璧除了组织与指导联谊会的学生干部为留学生服务之外，还每年邀请国内的学者、学生去康涅狄格大学学习。

张璧的实验室常年有十多位来自国内不同大学的学者、学生，包括清华大学、上海交通大学、吉林大学、浙江大学、东北大学、湖南大学、重庆大学、四川大学、华侨大学、广东工业大学、河北工业大学、西安交通大学、江苏大学等等。

20 世纪 90 年代，国家经济欠发达，国内的学者、学生们一般都经济紧张，生活拮据，张璧总是通过各种途径主动给他们提供奖学金、助学金、生活费，解决他们的后顾之忧，并利用自己的条件为学生们争取合法的权益。

机械工程系有一位来自华中科技大学的博士生小刘，未能通过博士资格考试，非常沮丧。张璧很不放心，侧面了解了情况，原来是 Jordan 教授的固体力学考题给的条件不充分，可以有不同答案。小刘的答案不应该算错，但是 Jordan 教授给小刘打了不及格。张璧平时与小刘的接触比较多，知道小刘的成绩很好，尤其是力学和数学，这么简单的考题应该难不倒他。张璧立即找到小刘的导师 Solecki 教授，与他商量如何给小刘读博的机会。Solecki 教授也认为小刘没有答错考题，但是学校规定，修改考试成绩必须经过教授会讨论。为了给小刘争取读博机会，张璧在教授会上提出了这一问题，教授会讨论并通过了小刘的博士资格。教授会一结束，Jordan 教授就跑到张璧办公室，气急败坏地对张璧吼叫，责怪他不应该多管闲事。一名堂堂的正教授，明明是自己出题不严谨，但是不去反思自己的问题、不承认错误，反而来责怪他人，这让张璧切身感受到西方文明虚伪的一面。

另外一位博士生小孙，从中学到大学都非常优秀，一直是佼佼者，国内大学保荐他来美国攻读博士学位。然而意想不到的是，他在博士资格考试中有一门课两次都不及格，因而博士资格考试没有通过，这样的挫折是他个人生涯中从来没有过的。他认为这门课的美籍伊朗教授故意刁难他，无法接受考试结果，并且私下对人说，要枪杀美籍伊朗教授全家四口。张璧知道情况后，觉得问题严重，立即找他谈心，劝导他放弃杀人的念头，帮助他转入外系继续攻读博士学位。

看到学生们住宿紧张，张璧利用自己省吃俭用的钱，特意在距离学校步行 10—15 分钟路程的位置购买了几套二手房，请人装修一新，优先提供给国内来的学者、学生们居住，同时与学校附近的美国居民协商，请他们在自家腾出 1—2 个房间来供中国学者、学生们居住，这样做既为他们节省了住宿费，解决了住宿问题，又能够让他们近距离练习英语、接触美国文化。

初来乍到的学者、学生们对美国都有好奇心，他们希望了解当地的文化与生活习惯。张璧往往会征求他们的意见，马克·吐温纪念馆、潜艇博物馆、福克斯伍兹赌场等旅游景点，他们愿意去哪里参观。有人选择赌场，想亲自去赌一把，体验赌博的感觉。张璧不好反对，但去赌场时，张璧反复叮嘱他们："从概率论来讲，一定是赌场赢钱，赌客输钱，希望你们浅尝辄止，继续玩下去，必输无疑。"学者、学生们在张璧的提醒下，没有一个沾染赌博的恶习。

在教育学生方面，张璧始终主张培养学生的独立思考能力和创新能力。他说，一个学生不能满足于在老师的指导下获得知识，还要培养独立思考的习惯和严谨的科学研究态度，鼓励学生大胆质疑。他会启发学生运用逻辑思维的能力去发现问题与解决问题。以织布机为例。1975 年，浙江余姚出土了新石器时代的原始织布机，证明六千年之前我们祖先的发明已经领先于世界。1804 年，法国人雅卡尔根据织布机的原理，发明了预先打孔的卡片来控制织布花样，织布效率提高了二十五倍。美国人霍尔瑞斯受打孔卡片的启发，研制了世界第一台人口普查制表机，大大地提高了人口普查的效率与精度，节省了大量人工。英国人巴贝奇受到打孔卡片（二进制）的启发，研制了第一台分析机（差分机），奠定了现代计算机的基础。1911 年，国际商业机器公司（IBM）应运而生，计算机时代从此拉开了序

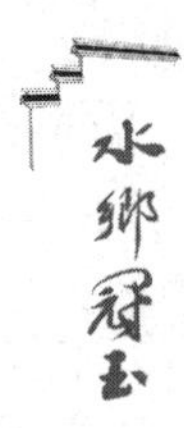

幕。根据二进制打孔机的原理，麻省理工学院于1952年研制成功世界第一台数控铣床，工业生产效率与精度大幅度提升，工业自动化成为现代化生产的生力军。

张璧经常给学生们强调，往往一个不经意的发明，譬如余姚的织布机，会触发连锁反应，引起一场工业革命。我们的祖先发明了余姚织布机，遗憾的是没有人会将计算机、数控机床的发明归功于余姚织布机，因为从织布机到打孔机，有个质的飞跃，打孔机采用二进制原理，这是它领先于织布机的地方，也是计算机的基础。总之，我们要善于观察，善于思考，善于学习，培养自己的逻辑思维能力，举一反三，才能引领科技发展。

在对学生的成绩评定方面，他不以论文为导向，而以发现问题、解决问题为导向。他发现国内有的学生做实验不完整，看到差不多了，就匆忙下结论、写论文。对这样的现象，他是坚决不允许的。从这一方面来看，张璧又是一位严厉的老师，他激励学生打破砂锅问到底，“逼”着学生反复实验，直到满意为止。

八年间，他不辞劳苦地奔波在太平洋两岸，为国家高效磨削工程技术研究中心精心规划，谋求发展，为国家培养了一批精密制造方面的工程技术人才，尤其是博士、博士后、青年教师、高级工程师等高端技术人才。他同时利用自己的特殊身份，邀请了一批青年教师、博士生与博士后到美国学习与工作。

中秋节是中国民间传统节日，在中国人眼中，是团圆的节日。有一年，在美国的华人教授、留学生们组织了一次华人中秋晚会，几十名师生济济一堂，按照中国的传统习俗，敬月亮、吃月饼、赏月亮、饮桂花酒、歌舞联欢。会上，同学们提议让张璧教授讲话，他有些抑制不住激动的心情，说道：“月到中秋分外明，每逢佳节倍思亲，此时此刻，我们更加思念我们的祖国。希望你们刻苦研究，发扬中华民族艰苦奋斗的精神，早日取得真经，报效祖国！”张璧的一席话，赢得了全场热烈的掌声。

第六章 悠悠报国情

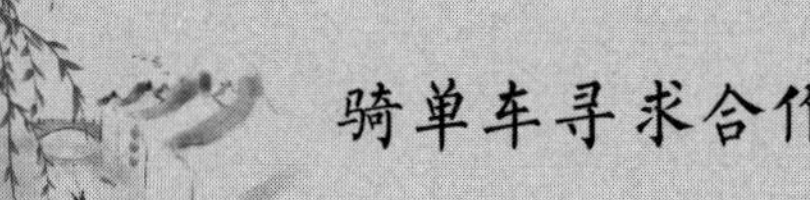

骑单车寻求合作

1988年年底，张璧从日本学成归来，选择来到上海这座国际大都市，到上海交通大学机械工程系（时称六系）从事博士后科学研究。

上海交大机械工程系是交大历史最悠久的院系之一，在机械工程发展史上创造了许多个“中国第一”，如中国最早的内燃机、第一台自动扶梯等等。中国的许多军工科技都是在校友的主持或参与下完成的，如“两弹一星”功臣钱学森就毕业于机械工程系。如今的机械工程系一路攀升，已位列全球前二十，成为交大排名最好的学科了。在当年，上海有许多机械制造方面的企业，但大多技术落后。一方面是缺少专业人才，另一方面思想也比较保守，不敢大胆进行技术革新。

在日本生活的这六年，张璧已经习惯了东京蜘蛛网般的交通系统，到哪儿去都很快捷、方便。从东京回到上海后，张璧深感交通不便。那时候的上海还没有地铁，张璧就买了一辆二手自行车，一来是锻炼身体，二来便于联系和走访企业。

随着经济的发展，各大企业对人才和技术的需求量也随之增大。张璧时常与博士后导师薛秉源教授以及其他同事一起，骑着自行车去和企业交流沟通，向企业宣讲科技创新对企业发展的重要性。有一次，他们在一家企业做讲座，介绍到日本的先进科技时，有人提出质疑。张璧知道，即使改革开放好几年了，有人还是放不下心中的成见。为了让他们抛开成见，张璧告诉他们：日本一小撮右翼分子确实非常反华排华，但绝大多数民众是热爱和平、反对战争的，而且日本的科技水平确实领先我国很多。为了让大家更有体会，他举了一个例子。

中央电视台的《正大综艺》栏目的主题歌，特别是那句“爱是正大无私的奉献”，曾席卷了中国的大江南北。里面的“正大”是1979年第一个外商在华投资的独资企业，是中国改革开放尤其是上海改革开放当之无愧的见证者和参与者。一开始，有关方面不太相信正大的生产能力，后来，上海派出代表团赴泰国正大集团考察，然后当场拍板了。1983年，正大集团和上海拖拉机汽车公司合资建厂，成立了上海易初摩托车有限公司，引进日本本田的技术生产出“幸福牌”摩托车，立马风靡全国，成为中国最大的摩托车生产企业。

1984年，上海汽车厂与德国大众汽车集团公司合资成立的上海大众汽车有限公司就很好地带动了中国现代汽车工业的发展。这样的合作证明了一个商业逻辑：只有找到好的合作伙伴，才能在市场上获得成功，实现双赢。所以，我们一定不能心高气傲、自以为是，要承认差距，谦虚好学，取人之长，补

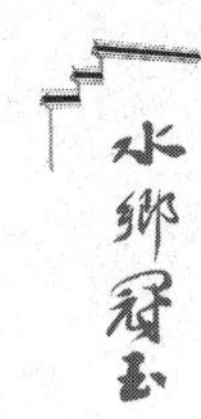

己之短。

听完张璧的一番肺腑之言后，企业老总们这才主动介绍企业发展中遇到的痛点、堵点、难点。张璧便用自己的技术帮助他们，一起研究解决问题。

上海机床厂（现名上海机床厂有限公司）始建于1946年，是中国最大的精密磨床和精密量仪专业制造企业，生产的各种磨床占全国磨床行业的1/3。张璧无数次骑车到机床厂，和工人、技术人员一起找问题、攻难关，取得了不少突破。在北京举办的首届中国机床展览会上，上海机床厂21种产品获奖，其中获“春燕”一等奖的就有10种。

有人笑问张璧，你这样踏着自行车上门找合作，叫什么模式？他说：“德国有‘双六制’模式，英国有‘三明治’模式，我这个姑且叫‘脚踏式’吧。”

张璧在上海交大期间用一辆破旧的自行车几乎踏遍上海，走访过几十家企业。他以亲身经历证明，要想建设科技强国，故步自封、夜郎自大是不行的。只有虚心向外国先进科技学习，洋为中用，积极开展多方面的国际、校企、产学研合作，才能提高我国科技现代化水平。

一次特别的谈判

张璧用这种足履实地的、接地气的“脚踏式”合作模式踏出了成效，踏出了友谊，还踏出了斗争哲学。

上海中山医院放射科是我国第一个影像学重点学科，最早建立介入放射学病房。20 世纪 80 年代，中山医院已经有了国产 X 光机，但影像模糊，效果不理想。他们在日本医院看到的 X 光机影像很清晰。为了提高医疗水平，中山医院花费巨资从日本进口了一台 X 光机。为了提高国产 X 光机的影像清晰度，中山医院决定与上海交大和中科院上海硅酸盐研究所（简称硅酸所）联手，参照日本设备，组成项目团队解决问题。上海交大负责机械设计，硅酸所承担材料的研制任务。

项目团队组织专家分析研究后发现，影像模糊的原因是 X 射线质量不佳。影响 X 射线质量的有两个因素：靶材材质与打靶位置。有关核心部件靶材的材质问题，项目团队立即找到深圳有关生产厂家的工程师一起研究试验。X 光机将加速后的电子束打向金属靶材，从靶材上激发出特定角度的 X 射线。固定靶材产生的X射线质量比不上旋转靶材，其影像也因此远不如旋转靶材清晰。日本进口的X光机使用的是旋转靶材，旋转靶材安装在一个每分钟两万转的高速旋转轴上，该旋转轴使用了当时最为先进的陶瓷轴承。鉴于当时国内没有陶瓷轴承，项目团队采用国产精密轴承，仿制了一台X光机。试用时发现，仿制的X光机工作时振动噪音大，工作时间一长，轴承就会因为发热变形而卡死。振动噪音、发热卡死是X光机绝对不允许出现的问题。

日本的X光机采用的是精密陶瓷轴承，精密陶瓷密度小、刚度高、耐磨损、耐高温，用精密陶瓷制造的轴承旋转速度高、精度高、噪音低、热变形小，因此日本进口的X光机除了影像质量高之外，既安静，又没有发热问题，受到用户的一致好评。

找到了问题所在，却解决不了，怎么办？项目团队讨论后决定自主研制陶瓷轴承，硅酸所负责精密陶瓷材料的高温烧结研究，上海交大负责陶瓷球的加工工艺研究。为此，硅酸所决定购买一台日本生产的热等静压装置，用于高性能陶瓷材料的烧结。所长严东升是个敢想敢干又热心肠的人，东拼西凑筹集了30万美金（这在当时可是个天文数字），从日本购买了一台热等静压装置。

正当大家摩拳擦掌准备攻关时，硅酸所购买的热等静压装置却没有达到日本厂家所承诺的性能指标：烧结的陶瓷样品密度上下不一致。为此，硅酸所的匡皋主任与日本工程师山本次郎、岸川威雄一起排查问题，发现60mm高的炉芯温度梯度过大，上下温差超过10度，不符合当初厂家承诺的2度温差，而问题就出在炉芯的隔热层材料上。隔热层使用的是陶瓷布，陶瓷布层层缠绕在炉芯上，可以对炉芯起到隔热与保温作用。缠绕的陶瓷布没有达到规定的厚度，其隔热与保温的效果下降，从而导致烧结的陶瓷样品出现密度不均匀的问题。

让人不爽的是，购买设备之前，双方商谈甚欢，对于中方提出的要求，日方满口答应。购买设备时，中方满以为没问题，也没有签订合同（那时我们还没有签订合同的意识）。大家分析认为是日本人在搞鬼，有意而为之。匡皋主任要求山本更换炉芯组件，而山本表示不能更换。匡皋主任为此气得大骂日本人。

怎么办？到国际法庭打官司？可转念一想，没有合同，空口无凭，打官司必输无疑。硅酸所决定通过山本与日本公司进行谈判、沟通，争取日方免费更换炉芯组件。然而，硅酸所没有人会说日语，山本又不会中文，双方无法沟通。怎么办？现在需要找一位能够与山本沟通的人，此人必须具备几个条件：一、日语流利；二、懂行；三、要有很强的协调沟通能力。硅酸所没有合适人选，甚至当时上海市也很难找到合适人选，最后有人给所长严东升推荐了张璧。

他们找到张璧，详细地讲了事情的来龙去脉。张璧说："日本人大多还是讲信用的，好好谈，应该有把握，我去试试看吧。"硅酸所把希望都寄托在张璧身上了。

张璧骑着自行车来到硅酸所，由匡皋主任带着去找山本。当听到张璧用地道的关东腔与他进行交谈时，山本泣不成声。

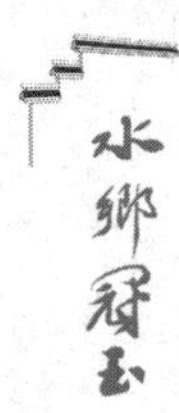

张璧还从没看到过一个大男人哭得这么伤心。很显然，他已经将张璧当成日本人了。张璧耐心地问山本具体情况，山本满腹委屈地说：“设备性能参数问题当初双方没有在合同上具体约定，10度温差也属于正常范围；我并没有做错什么，但他们这几天总在训我、骂我，是不应该的。”张璧对山本说：“硅酸所几乎倾其所有，花了这么大的代价，却买了个不尽如人意的产品，能不急吗？”

时近傍晚，山本提议找个地方再说，他们便来到硅酸所隔壁的静安茶社，边吃边聊。

张璧心平气和地和山本聊起了中日的历史交往。从遣唐使与中日友好交往的历史谈起，到中国在过去的1 000多年里如何帮助日本发展，日语中的汉字甚至平假名和片假名都来源于中国的汉字，甚至日本的儒家文化、古代建筑艺术、水稻种植技术、造船技术等都来自中国，就连日本使用筷子的文化也是来自中国……在历史的长河中，中国一直将日本当作学生看待，处处帮助日本。可以毫不夸张地说，中国是日本的恩师。

只是到了近代，中国的发展滞后，部分日本政客、军国主义分子恩将仇报，不但阻碍中国发展，还公然侵略中国，给中国人民带来了深重的灾难。

张璧越说越激动，禁不住捶了一下桌子，看到山本诧异的神情，他叹了口气，接着说：

“当然，绝大多数日本人民是爱好和平的。中国进入了改革开放年代不久，还很贫穷。硅酸所花费30万美金买你们这台设备，这在中国相当于1 000名教授全年的工资啊！硅酸所的同事不懂国际商务，与你们公司进行谈判时，不知道要跟你们签合同，觉得日本人同样受儒家文化的熏陶，诚信第一，所以完全相信你们。现在这台高档设备不达标，对于硅酸所来说，这是完全无法接受的。我今天来找你谈话，就是想通过你与贵公司的社长（最高领导）沟通一下，免费更换炉芯组件。”

在来硅酸所之前，张璧已经通过日本友人和同学了解到，该公司社长是一个比较正直、讲信义的大企业家。所以张璧提出：“智者千虑，难免一失，你们公司也不是有意而为之，我相信你们公司是讲信用的。”

张璧动之以情，晓之以理，侃侃而谈。山本静静地听着，他对张璧渊博的知识佩服得五体投地，也被张璧诚恳耐心的态度所感动，内心也是愧疚不已。

山本两杯清酒下肚，面色微红，站起来向张璧行鞠躬礼，并主动提议：“我就认你这个朋友了，虽然我没有更换的权力，但是我可以马上向社长汇报，请求更换炉芯组件。”山本说：“你先回去吧，等我的回复。”

第二天一早，山本来电说，他们社长隔天一早将从东京乘飞机到上海现场考察。

次日，社长如期来到硅酸所考察现场，并对陪同的严东升所长说：“因为没签合同，我们本来顶多只更换炉芯组，但我们的山本君被张璧先生‘俘虏’了，他说张先生说话有理有节，对我们日本民族的文化了如指掌，他反而替你们说话了，我还有什么可说的呢。我们决定立马更换一台设备，马上就办。”

一场纠纷就这样解决了。对于这次险胜的谈判，张璧总结说：“没有合同，打官司必输。我们只能从外围打‘迂回战’，打‘情感牌’。为什么成功？那就是三点：精通日语、技术懂行，还要了解日本的文化，三者缺一不可。”

真是不打不成交，从这以后，那家日本热等静压装置生产厂家的社长、销售主管都和张璧成了朋友，经常沟通联系。更让人意外的是，他们遇到技术问题，都直接请教张璧，甚至请他去日本指导。

毫无疑问，张璧已成了他们心目中的“陶瓷专家”了。

赤子归来

2009 年，张璧被聘为康涅狄格大学机械工程本科教学主任，后又被聘为制造工程与管理学科主任。这样一来，张璧更加忙碌了，接触到的知识更多、更全面、更专业了，视野也更开阔了。

古语说：“梁园虽好，非久恋之乡。”在美期间，张璧过着从容而优裕的生活，但是他始终不忘自己是一个中国人。时刻打算回国发展，从来没想过要永远留在美国。工作之余，他经常读报看新闻，那些与祖国有关的消息无时无刻不牵动着他的神经。每当看到祖国取得成就，他总是很兴奋，与朋友分享；看到国家有灾难，他总是很难过。

1999 年 5 月上旬的一天晚上，张璧突然从新闻中得知，我国驻南联盟大使馆被炸，新华社记者邵云环、光明日报记者许杏虎和妻子不幸遇难。这件事让张璧既愤怒又震惊，让他真切地感到“落后就要挨打”“弱国无外交”，也更加坚定了科技强国的决心。

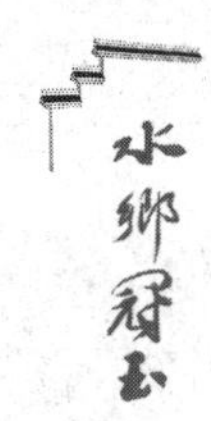

在美国学习工作多年，他对美国的了解很深刻，也看透了美国的本质。美国是个移民国家，是靠利益聚拢起来的国家。过去曾经领先全球几十年，风光无限，很重要的原因是美国的科技水平领先全球。但“9·11”事件导致美国性情大变，穷兵黩武，到处树敌，自己变得故步自封，浮躁暴虐，以一己好恶评定是非。从2007年美国次贷危机开始，美国的国家利益就已经走到了全球利益的对立面，以后一直走下坡路，到处挑事惹事，没有真正的朋友。

张璧在教学中还发现，美国年轻一代十分迷茫，没有信念，没有理想，崇尚的是荒诞文化、享乐主义。厌学、颓废、不思进取、纵欲、吸毒等比比皆是。美国的年轻一代是“不可救药的一代”，美国的衰败是必然的。

有个叫乔治的黑人大三学生，与张璧的一席谈话，更是让张璧感觉到美国年轻一代的问题突出。

那是一个阳光明媚的上午，张璧上完课回到办公室，刚刚打开电脑准备给学生布置线上作业，乔治敲门而入，手里拿着一份当天的《哈特福德日报》(*Hartford Courant*)，说：“老师，我的文章登报了。”张璧随即问他：“什么文章？什么报纸？”他说：“我写的文章《上大学不如进监狱》已经发表在今天的《哈特福德日报》上”。听到这样的文章题目，张璧很吃惊，问他文章内容是什么。乔治不慌不忙地给老师讲述他的文章内容。

原来乔治是在纽黑文（New Heaven，康涅狄格州第二大城市，也是耶鲁大学所在地）黑人区长大的孩子，从小学到初中、高中基本都是在黑人区学校读书，他的同学中能够进入大学读书的不多，进监狱的比上大学的还要多些，乔治应该算是要求上进的孩子。最近，他从一位正在 Mansfield 监狱服刑的发小托米那里听说，他们监狱的待遇又提高了，因为州政府将犯人每年的人均经费从原来的 18 460 美元提升到 20 120 美元，上升幅度接近 9%，进一步改善了犯人们的生活条件。发小透露的信息让乔治心理极不平衡：州政府每年给大学生人均补助不到一万美元，凭什么给犯人两万美元？上大学倒不如进监狱划算。难道我上大学这条路走错了吗？

乔治的一席话让张璧若有所思，乔治的思维逻辑绝不仅仅代表他一个人，他代表的是整个黑人群体，至少是他那一代的黑人群体。康涅狄格州属于深蓝州，民主党为了选票捧宠黑人，导致的结果是：黑人数量快速膨胀，教育程度低，犯罪比例高，贫穷、懒惰、吸毒、枪击成了黑人区的常态，真是养蛊自噬。这是美国两党政治纷争造成的恶果，年轻人的价值取向被严重扭曲，如果年轻人在大学与监狱之间都选择进监狱，这个国家怎么去发展？怎能不衰败呢？

而一个曾经强大过的国家，只要有精神传承，有信念支撑，一定会再次强大起来，中国正是这样的国家。五千年的文明积淀，儒家的温良思想，深沉、博大、淳朴的精神特质，已根植于人民大众心中。张璧的许多中外朋友、同事，包括他自己，都有这样的普遍感受。

抱着这样的想法，2013 年秋季，张璧放弃终身教授职位，

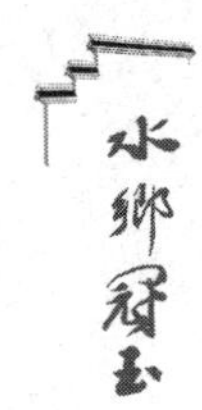

抛弃优厚的待遇、舒适的生活，毅然回到了祖国。

10 月 6 日，东三省的天空晴朗得像块蓝布，几片薄薄的白云像被阳光驱散了似的，随风缓缓游荡着。这天，全国人民尚沉浸在节日的气氛中，张璧坐上了回国的航班，结束了三十多年的海外生活。

樱花再美，终会凋零；自由女神再神圣，也不会给你真正的自由；母亲再丑，也是孩子心中的天使。飞机平稳降落在大连国际机场，海风吹在身上，是那样亲切、那样温柔。他深深地吸了一口气，哼起了《我的中国心》：

“流在心底的血，澎湃着中华的声音，就算生在他乡，也改变不了我的中国心……”

难忘"大工"

"大工"，是大连理工大学的简称，原名大连工学院，建于1949年4月，是为迎接新中国成立而创建的第一所新型正规大学。它坐落在黄海之滨的"北方明珠"大连。

大连是一座美丽的海滨城市，1982年，张璧曾在这里待过六个月，那时心无旁骛，只顾学习，无暇也无钱去游玩。刚从海外归来的张璧，像只挣脱藩篱的鸟儿一样活泼快乐，常常跟同事们一起到学校周边地点游玩。品尝着味道正宗的樱桃、海鲜，沐浴着温暖和煦的海风，张璧不禁浮想联翩：

眼前的青山绿水、星海广场、高楼大厦，多少回梦里想着它，任岁月风雨无情吹打，它依然身姿挺拔，我是只幸运的"海龟"，该怎样为祖国这座屹立于世界之林的大厦添砖加瓦？

之所以来到"大工"，既是专业的要求，也是自己的选择。"大工"是全国知名的工科院校，曾经的四大工学院之一（另外三家分别是南京工学院、华中工学院、华南工学院），是全国首批211工程、985工程大学，有强大的工科实力。

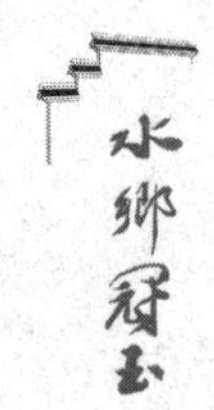

来到“大工”，张璧被安排在比较朴素的公寓楼里。他没有半句怨言，学校要办的事情千头万绪，自己条件差点不要紧。

几个同事相约周末外出游玩，张璧提议到旅顺港看看。他曾经读过著名爱国诗人闻一多于1925年3月在美国留学期间创作的组诗《七子之歌》，那首《七子之歌·旅顺大连》，至今记忆犹新：“我们是旅顺、大连，孪生的兄弟，我们的命运应该如何地比拟？——两个强邻将我来回地蹴踢，我们是暴徒脚下的两团烂泥。母亲，归期到了，快领我们回来，你不知儿们如何的想念你！母亲！我们要回来，母亲！”

被列强掳去的“中华七子”是国家的耻辱，作者这组诗抒发了对祖国的怀念，表达了对帝国主义列强的诅咒与愤慨。

第一次来到旅顺口的张璧，特地与同事前往旅顺军港实地参观。旅顺军港是当时世界上五大军港之一，始建于清代，北洋大臣李鸿章筹建北洋水师时经营旅顺港，扩航道、建港池、筑炮台，使之成为当时闻名的军事要塞。旅顺口因其重要的战略地位，在中国近代史上占有一席之地，有“一山担两海，一港写春秋”“一个旅顺口，半部中国近代史”的说法。甲午战争，中国惨败，旅顺军港相继被日俄侵占。

在旅顺口，站在老铁山上，看着日俄战争期间的战争遗迹，重温着近代中国的那段屈辱史，张璧不禁感慨万千：落后就要挨打，中国必须强大！要建设强大的国家，必须让青年人掌握真正的本领。他向同事们预言：再过10年20年，中国必定领跑全球，大家拭目以待。

在美国工作研究期间，张璧参与设计、制造了美国第一台线速度超过 250 米 / 秒的超高速磨床，这引起了包括中国在内的各国研究人员的关注。2001—2009 年期间，张璧担任教育部特聘教授，同时担任科技部国家高效磨削工程技术研究中心总工程师，设计制造了中国第一台限速度超过 300 米 / 秒超高速磨床。这期间，张璧共发表论文五十多篇，其中十几篇刊登在全球顶级杂志上。张璧所取得的成绩已得到了国内外科学界和教育界的一致认可，没有人怀疑这个曾经的“泥腿子”，已经成为一块璀璨的“水乡冠玉”了。

诲人不倦

来到“大工”，新生活的航船已经扬帆起航，路该怎样走？该怎样完成祖国交给的试卷？张璧主动请缨，希望学校多分配一些工作。经研究，他主要负责三方面的工作：一是精密制造研究工作；二是培养青年教师；三是带研究生。2004年新春伊始，三项工作齐头并进。领导担心张璧年纪不小，精力不济。张璧笑着拍着胸脯：“你们放心，别看我年纪不小，那些小伙子的身体、精力都不一定比得上我。”张璧此言不虚，他酷爱运动，课余时间经常和同事学生打网球，一打就是两三个小时，对手换了三四个，而他除了喝水，始终没有休息，足见其体质和耐力。

作为一名科研工作者，张璧克于勤，精于业，硕果累累。在“大工”三年多时间里，他攻克了许多科研难题，有的甚至是世界级的。作为一名教育工作者，他对青年教师、学生严要求、重关怀。他所指导的年轻老师、博士硕士研究生都成了人才，获得了“长江学者”“星海骨干”“星海杰青”等称号，入选了“百千万人才工程”。

2015年1月起，张璧担任辽宁重大装备制造协同创新中心精密与特种加工团队负责人，同时带了12名研究生。他带研究生的方式与众不同，他的经验是“全程监控”。这样带研究生和青年教师花费时间多，很辛苦，但效果很明显。他中午基本不休息，办公室的门始终敞开着，学生遇到问题，不需“敲”，只需“推”，随时进去请教。

张璧带过的每个研究生，都会被他的无私奉献、严于律己、平易近人、尊重学生的作风所折服，更敬佩他渊博的学识。刚刚获得“长江学者”特聘教授称号的张振宇教授说：“张璧教授知识渊博、治学严谨、温文尔雅、幽默风趣、平易近人，对我的支持和指导非常多，是我遇到的在海外工作和生活多年的人中对我影响最大的学者。”

张璧从小也是个“苦桃子”，很同情和关心贫困学生。一名叫罗小岭的学生，来自贵州贫困山区，那年冬天，大连特别冷，小岭只穿着件薄棉袄，张璧知道后，立即将刚买不久的一件羽绒服送给他，后来还指导他就业，小岭很感动，觉得不能对不起老师，学习科研更认真了。

张璧还主动找到学校领导，慷慨解囊捐款十万元，在机械工程学院设立贫困生奖学金，奖励那些学习成绩优秀但是家庭贫困的学生。

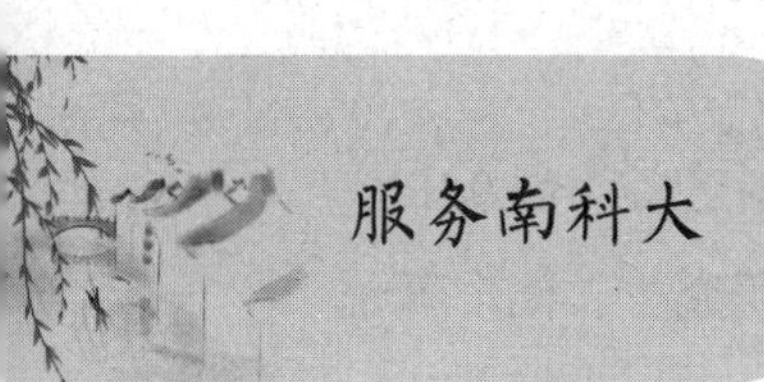

服务南科大

南方科技大学（简称南科大）地处深圳，成立于2012年4月，定位为公办新型研究型大学，被国家赋予高等教育改革“试验田”的重任，是一所“探索具有中国特色的现代大学制度、探索创新人才培养模式”的高起点、高水平大学。

身处创新型城市深圳的南科大对标位于创新型城市硅谷的斯坦福大学，实行三制三化，即：学分制、导师制、书院制；个性化、精英化、国际化。南科大采用以学生为中心的小而精的人才培养模式，全英文教学，率先改革招生制度，首创“基于高考的‘631’综合评价录取模式”，生师比为10∶1，全国最低。2022年2月，南科大被国家确定为“双一流”建设高校，这也是深圳市创办的第一所“双一流”学校，南科大再次验证了“深圳速度”。在2022年度的泰晤士高等教育世界大学排行榜上，南科大位列中国大学（港澳台除外）的第9名，仅次于南京大学。

南科大工学院下辖3个二级学院与7个系，分别是：微电子学院、环境科学与工程学院、系统设计与智能制造学院、力学与航空航天工程系、材料科学与工程系、机械与能源工程系、电子与电气工程系、计算机科学与工程系、生物医学工程系、海洋科学与工程系，是亚洲最大的工学院，其建院目标是成为世界一流的工学院，重点培养引领未来工程技术发展的复合型人才。

早在 2016 年年底，南科大便向张璧伸出了橄榄枝，邀请他帮助主持工学院工作。面对南科大校长陈十一院士的诚挚邀请，张璧觉得去南科大能够更好地服务祖国，为中国的高等教育改革事业做出一番贡献，便愉快地接受了邀请。

“大工”的领导知道张璧准备离开，竭力挽留。张璧说出了心声：“我到南科大，不是为了升官发财，一方面是为了帮助建设南科大，为中国的高等工程教育改革探索一条道路，能更好地发挥我的才干；另一方面，我是南方人，南方的气候适宜，水土习惯。”“大工”的领导觉得他说得有道理，只好忍痛割爱。

2017 年 6 月的深圳，雨后的空气特别凉爽，天空清澈如洗，阳光普照，繁花似锦，这些都深深地吸引了张璧。南科大以极大的热忱迎接这位浑身充满朝气的教授，任命他为工学院副院长，聘任为机械与能源工程系讲席教授。

南科大有六栋十多层高的教师公寓，整齐排列。这儿是世界上人才密度最高的地方，在 800 米 ×120 米的地域范围内，住着 300 位世界级的教授，是真正意义上的“谈笑有鸿儒”了。张璧和夫人就住在这宽敞明亮的教师公寓里。有了安定的居所

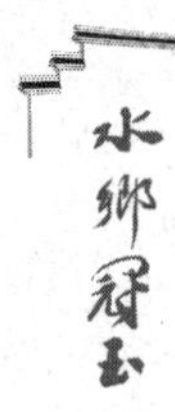

后，张璧全心全意地在南科大搞科研了。他如鱼得水，尽展才华，在夫人的陪伴下，全力开创新的事业。

那次扬州记者来南科大采访时，记者问道：“你能用几个关键词来描述你在南科大搞科研吗？”

他略一思忖，说出了“实事求是，敢于创新”八个字，并进行了解读，他说：

“在生活上散漫随意一点不要紧，但搞科研我却是一丝不苟的。科研工作一定要实事求是，不夸大，不缩小，不能用‘差不多’‘马马虎虎’这些词。在多年的科研工作中，我深切体会到，科研工作要‘不唯书，不唯上，只唯实’，就是要多看书，但不迷信书；尊重权威，但不迷信权威；敢于创新，不能畏首畏尾。做领导不是我本意，中国不缺乏领导，缺乏的是科研人员。我要把有限的时间和精力花在科研创新上，为南科大服务，为国家服务，为人民服务。”

第七章

个人生活

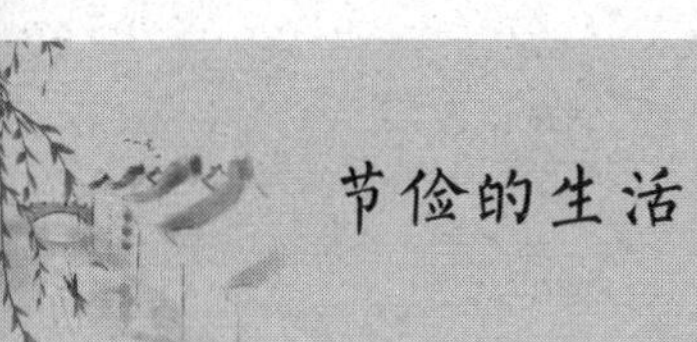

节俭的生活

也许张璧身上有节俭的遗传基因，父母亲的节俭是村子里出了名的。父亲虽然是一村书记，但生活极其朴素。即使后来生活越来越好，父亲还是保持着艰苦朴素的本色，穿的衣服是补丁摞补丁，一顶帽子戴了十多年都舍不得换。

正因为有干部带头，所以花六庄一直民风淳朴，以骄奢淫逸为耻，以艰苦朴素为荣，少有大吃大喝、豪赌的现象。

对“谁知盘中餐，粒粒皆辛苦”的古训，张璧比谁的领会都深。记得青少年时，父亲带他去田里割稻时说过一番话：“你才干了半小时就累了，农民们一辈子都这样，该有多苦多累呀，每一粒粮食都是农民用血汗换来的呀。”

张璧生活非常简单朴素，这与出生于城市的妻子观点相悖，争论也就难免了。

头一天吃剩的菜，妻子认为值不了几个钱，倒掉算了，张璧却舍不得，何必浪费呢？放冰箱，明天还可以吃嘛，农民种菜是不容易的。衣服脱线扒缝了，妻子要扔掉重买，张璧说缝补一下不就可以穿了吗？

遇到这种情况，妻子气得不说话，张璧就向他讲雷锋的故事：部队发夏装，按规定每人可领两套衣服、两双鞋子，而雷锋却只领一份，说："上次的还能穿呢，我领一份就够了。"雷锋的袜子补了又补，最后弄不清袜子本来的颜色。他每月的津贴，除了交团费、买书籍等生活必需用品外，其余全部存银行。当听说抚顺水灾时，他立即取出积攒的200元捐给灾区。

听到这些老掉牙的故事，妻子往往破涕为笑，嗔怪丈夫："本性难移，你永远是个'土耳其'。"确实，这么多年来，纵有灯红酒绿、乘轻驱肥，张璧仍然是"土"性不改。

在长沙的时候，张璧周末去逛小商品市场，能花100元钱抱回一大堆衣服；在大连8元一根买的"比牛皮还牛"的皮带，一系就是三五年。

在南科大教师公寓楼里，他家没有豪华高档的家具。冰箱是海尔的，手机是华为荣耀5A，仅699元。最多的就是各种中英文书籍，最值钱的是挂在墙上从美国二手市场淘回来的古代中国字画。他说："这字画虽然不是名人的，但是我国古人的真品，我既可以每天看着它，让我情有所依、心有所系，又可以收藏，何乐而不为呢？"

在饭店招待客人，张璧从不奢华讲排场，吃多少点多少，吃不了打包带回去。也许有人会认为张璧太"抠门"，实际上错了！当年在大连，当张璧生活最困难的时候，中学同学丁绍文送给他七十多斤粮票和三十几元钱，解了他的燃眉之急。从那

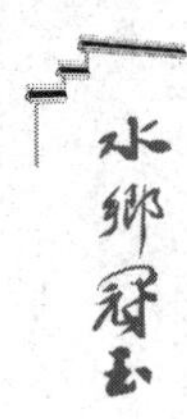

时起，他便决心像大诗人李白所说：“他日见张禄，绨袍怀旧恩。”他要感谢命运，感恩社会。

他是这样想的，也是这样做的。学生有困难，他总是竭力帮助，将自己的羽绒服送给贫困学生御寒；村里孤寡贫困的老人照料、村庄的建设，他更是常献爱心；在大连理工大学时，他捐款 10 万设立奖学金，帮助优秀贫困生解决生活困难。

健美人生

英国一位教育专家说过：“有健康的身体，才有健全的精神。”在历史上，很多科学家发现，体育是调剂艰苦科研工作的好方式。实际上，一些卓有成就的科学家同时也是优秀的运动员。

像爱因斯坦那样惜时如金的天才，工作之余会干什么呢？最大的爱好就是散步，他将这个爱好发展成习惯，每天从家到他所任教的普林斯顿大学，来回走五公里。

张璧结合自身实践认为：坚持锻炼的人，在精神、智力、体力、精力、心境、反应速度等方面，都明显高于很少锻炼的人。

已年过花甲的张璧身体健硕，面色红润。工作之余，他最大的爱好就是锻炼。他的运动内容很广泛，田径、游泳、自行车、健身、健走、篮球、网球、羽毛球、登山等等，和他的饮食一样，不偏食，不挑食。他给朋友、同事介绍健身运动体会时总会强调，每天做同样的运动，效果会越来越差，因为人的身体如果已经适应了这种运动，就会根据消耗能量最小原理进行自我调节与优化。运动也要经常变换花样，才能收到更好的锻炼效果，避免重复运动对身体造成伤害。

这样的运动习惯应该是小时候就养成的。那时的农村哪有什么运动器材，都是因地制宜的运动。张璧土法上马，自制吊环、单双杠、举重等器械，抽陀螺、跳绳、赛跑、翻碌碡、掰手腕，样样都是高手。以后的人生经历，无论是阳光灿烂的幸福时日，还是风吹雨打的艰难岁月，他都保持着一种乐观的心态，做到生命不息、运动不止。

在刻苦就读的大学时期，年轻的张璧就用体育锻炼自娱自乐打发周末时光。尤其是游泳，他几乎成了专业运动员了。他曾经给自己定下每天两个小时自由泳 6 000 米的任务，这为他的耐力打下了坚实的基础。每年的体检报告上，医生都会写上：窦性心动过缓。其实张璧自己知道，自己的心动过缓是他长期体育锻炼的结果，不是心脏病。

诸多项目为何偏爱游泳？这又与他小时候的生长环境有关。他生活在里下河鱼米之乡，村庄四面环水，与水生来就有一种不解之缘，曾因游泳被严重划伤脚，也曾因游泳忘了打猪草，被父亲拿着棍棒追打。

村子东边是条很宽的河，叫卤汀河，也称“官河”，是官家运盐运粮的漕河。它的历史悠久，也很闻名，元末明初农民起义领袖张士诚曾领导盐民在这里和官府打过恶仗。

从卤汀河这边游到对岸，一来一去至少 40 分钟，一般人是不敢游的，而张璧不但经常来回畅游，有时还“踩水游”。踩水在游泳项目里的专业名称叫“立泳”，而当地所谓“踩水”，是指一手举着东西（如衣服）不沾水游泳。踩水游卤汀河，村里除了张璧，很少有人敢尝试。

从20世纪90年代起，张璧便把游泳作为健身主项目，主要是中长距离自由泳，每天两个多小时。那可不是一般人能坚持的，没有相当好的耐力、体力难以完成。在大连理工大学工作期间，他曾参加了一个海上游泳俱乐部，俱乐部的十多位游泳爱好者个个都是常年游泳的高手，其中有一位绰号“永动机”，能够在海上连续游半天都不用休息。2016年的一天，他们约定从离岸3 000多米的“大坨子”岛游回岸边，看谁最快。比赛结束时，张璧只用了40分钟就游到岸边，而“永动机”落后了足足100米距离。他曾戏称：“如果不搞科研，我一定会在马拉松游泳上出彩。”他实在是被科研“埋没”了的泳坛高手！

张璧平时每天必须有两个小时的运动，风雨无阻。他曾经凭一辆自行车骑遍上海、东京、大连甚至美国的康涅狄格州，雨天就到体育馆、地下停车场锻炼。他的“单车游”在朋友圈中传为美谈，并带动了一批车友同行。他常说，康涅狄格大学的同事工作到下午累了，躺下睡一觉，晚上再接着干。他累了，去游泳池游会儿泳，马上精神焕发，接着干到午夜也不会累。

不管是在湖南大学、大连理工大学，还是南方科技大学工作，张璧以身作则，带领同事与研究生们一起运动，打网球、游泳、打篮球、跑步、爬山、快走、健身等。为了鼓励学生们

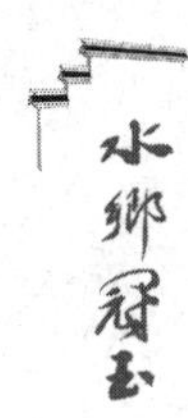

参加运动，年过花甲的张璧教授对自己的研究生们有个不成文的规定，要获得博士、硕士学位，除了满足学校的相关要求之外，还要加上一条：体育达标。这个标准是张璧自己定的，跑步、游泳、引体向上、俯卧撑，四选一，标准就是与张璧比赛，只要有一项能够超过张璧，就算合格。学生中符合张璧标准的几乎没有。

提到游泳，还有一个趣事。有一次，张璧与周志雄、胡思节等教授们一起在长沙的兰卡威游泳，有一位健身教练恰好也在游泳，看到张璧健美的身材，问是否也是健身教练，张璧回答说是大学老师，此人开始不信，认定张璧不讲实话："看你这一身肌肉和腹肌，不可能是大学老师，只能是健身教练。"周志雄、胡思节两位教授出面说明之后，此人方才相信。

到了美国康涅狄格大学，张璧又喜欢上了网球。别人学网球都要跟教练学习一个月左右，他只让教练教了几次便"出师"了。

在南科大，张璧每天要打两个多小时的网球，除了中途喝水、擦汗，几乎一刻不停歇。陪练的有同事、学生、妻子，他们一个个因体力不支都败下阵去，而张璧依然生龙活虎。

他不光打网球，还对网球颇有一番见地：

"网球属于无身体接触类运动，对于年龄大的人来说，运动安全第一。而网球又属于较为激烈的对抗运动，需要一定的爆发力，最主要的是考验一个人的耐力和毅力，这些都是我的强项。网球与篮球、足球、排球比，它侧重于独立解决问题的能力，看对方来球的角度、力度、速度、旋转方向，瞬间就要判断怎么回击才最佳。打网球要有好的心态，不能有急躁情绪，要压抑‘豁出去就是一拍子’的冲动，要抓住机会，调整步伐，找准角度，给予漂亮、致命的一击。”

张璧还注重以球会友。打网球的人其实不多，相互之间想不熟悉都难。在美国，张璧通过打网球结交了不少科学、教育、文化、企业等各界的朋友，为他的科研助力不少，这大概算“网球社交”吧。

他平时很少看电视，有时候陪妻子看看体育频道，最钟爱的是网球和排球，尤其崇尚中国女排的拼搏精神。

家乡情结

2020年11月20日，在微风和煦、绿意盎然的南方科技大学校园中，江苏扬州电视台《天南地北江都人》节目组对机械与能源工程系讲席教授、工学院副院长张璧进行了专访。张璧教授介绍了南科大概况，并对南科大为什么能在短短十年内取得令人瞩目的成就进行了详细的解读，接着回忆了年少时通过读书改变命运的经历和科研报国的远大抱负，与家乡学子们分享了自己的求学心得。

张璧身上透出一种里下河水乡人特有的朴素、诚恳、沉稳，他深情地对扬州电视台王记者说：

“感谢恢复高考的政策，让我幸运地搭上这班车。小时候我最大的愿望就是为农民造机器，农民生活太苦了，种田太累了。我童年时，母亲的腰杆笔直，走路很有精神；而在我上大学的时候，母亲的腰身已倦得不再挺拔。那个年代农民种田的苦是现在年轻人无法想象的。

“我是喝着卤汀河水长大的，之所以能有今天，与家乡百姓的淳朴、与父母与老师的谆谆教导是分不开的。滴水之恩，涌泉相报，在国外虽然工作条件、生活条件都不错，但我一刻没有停止对家乡、对祖国的思念。三十年海外漂泊，为的就是学到更高、更强的本领，当学有所成时，我就应当报效祖国，回馈家乡。”

说这番话时，张璧对家乡的留恋不舍之情溢于言表。这是绿叶对根的依恋，是赤子对母亲的眷恋。

从张璧的人生经历来说，童年时期就受到中华民族扶贫济困、尊老爱幼传统思想的熏陶；而在留洋时，西方的平等、博爱也在他心里播下了种子。

由于常年在国外工作，张璧回家乡的机会不多，每次回来，他总是轻车简从，没有一点科学家的架子，也不惊动地方领导。有时间，他会到老一辈村民家中坐坐、看看、聊聊。老人们告诉五济，现在的生活像芝麻开花节节高，种田全部实现了机械化，我们也赶上了新时代了，有时候老人还唱唱歌、跳跳舞、打打小牌呢。听了这些话，张璧非常激动。

在有一次和一个村干部闲聊时，张璧得知一个情况，村民张晓是个单身汉，常年患严重的疝气，农村叫“小肠气”，生活受到严重影响。按辈分说来，他还是张璧的长辈。张璧知道情况后，在村干部带领下上门去探望，给张晓讲解了一些生活中的注意事项。当他听说张晓准备做手术但是没钱后，留下 7 000 元钱，说：“张晓叔子，我身上只带了这么多现金，做个手术也够了，我请村干部陪你去医院，以后生活上有什么困难你告诉我。”以后每次回来，他都会给张晓捎上三五千元。张晓病愈后，遇人便说：“我五济侄儿资助我治愈了病。”

村民熊奶奶也是张璧的长辈，老奶奶年老体弱，两个小孩在外地很少回来。张璧每次回来再忙都要去看看她，每次都给个三五千元，以帮助解决熊奶奶的生活困难。

像这样关心同乡、嘘寒问暖的事例不胜枚举，光他资助过的贫困老人就有十多位，可他从来不张扬、不宣传，笔者去村里走访村民时才得知他的善举。

2019 年“五四”青年节，借回乡之机，张璧向村里百名年轻学子专门做了《男儿立志出乡关》的演讲报告。在报告会上，他用自己的求学经历告诉家乡孩子们，要为中华之崛起而读书，争取考个好的大学，让知识改变命运；将来无论走到哪里，都不能忘了家乡、忘了祖国。

2021 年清明节，张璧回乡祭祖，受镇政府之邀，为全镇年轻的企业家、村干部做了《3D 打印技术与未来科技》的专题报告，分析了我国日新月异的科技发展形势，鼓励年轻人大胆创新、改革，读万卷书，行万里路；告诉大家，去不同的地方，就会受到不同的启发，就会迸发出智慧的火花。

尽管常年在外工作，但张璧多年来一直心系家乡的发展，关注家乡的建设，多次为村里的建设慷慨解囊，指导村里的高考生填报志愿。他说：“羊有跪乳之恩，鸦有反哺之义，是花六庄这块土地养育了我，我现在有能力感恩家乡，为村里建设出点儿微薄之力，这也是我的荣幸。”

家乡有朋友去深圳看望张璧，带去几瓶家乡无花果酿制的“无花果酒”，张璧特别感动，他说小时候能吃到的水果极少，吃得最多的就是这无花果了。它味道醇厚、绵甜，谁家孩子有个咽喉不舒服、消化不良的，吃上几颗无花果就没事了，这“无花果酒”是真正的家乡味啊。

当知道家乡已创建成江苏省“特色田园乡村”“传统文化村落”时，他很激动，为家乡的荣誉而高兴。村干部向他咨询时，他提出了许多具有前瞻性而又可操作的意见和建议。

“莫道村官诸事难，为民敢渡浪中船”，他希望村干部发扬吃苦耐劳的家乡水牛精神，能够保留住那涓涓流淌的小河和那沧桑而厚重的民间民俗文化，让游子望得见绿荫，看得见碧水，记得住乡愁。

他表示，家乡有困难一定会帮助，家乡有召唤一定会回来。

在三十几年的工作过程中，张璧获得了无数的荣誉，尤其是十几年前当选国际生产工程科学院院士，更是引起世界生产工程界的瞩目。

2010 年，张璧当选为国际生产工程科学院院士（CIRP Fellow）。CIRP（国际生产工程科学院的法语缩写）是生产工程领域学术地位最高的国际学术组织，总部设在法国巴黎。该组织有来自五十多个国家的一百六十多名院士，我国现有 CIRP 院士共七人，南方科技大学只有张璧一人。能够当选国际生产工程科学院院士的人，一定是世界顶尖学者，必须具备学术方面的真本事。

评选之前，曾有好友善意提醒："虽然你条件很好，但最好还是找人打打招呼。"张璧笑笑说："谢谢你的好意，我从来不搞这一套，我相信它的公正性和严肃性。对我而言，当选了更好，为自己更是为国家增了荣誉；如果没有当选，说明我条件还不过硬，还要努力。"果然，张璧不负众望，成功当选，为祖国的科学事业增添了殊荣。

2020 年是张璧在科研方面的丰收年。5 月初从大洋彼岸的美国传来喜讯，美国斯坦福大学发布“全球前 2% 顶尖科学家”榜单，南方科技大学张璧入选“终身科学影响力排行榜（1960—2019）”和“年度影响力排行榜”。这份榜单从近 700 万名科学家中遴选出世界排名前 2% 的科学家，涵盖文、理、工学科，其影响力、含金量可想而知。

2020 年 10 月，张璧又获得“国际先进材料协会科学家奖”。国际先进材料协会是一个由全球先进材料领域研究人员组成的国际组织，获得此奖项极其不容易，要根据研究人员近十年在先进材料领域所做的工作来评选，2020 年，全球共有四位科学家获此殊荣。

2023 年 12 月 26 日，张璧收到了俄罗斯工程院 Gusev 院长的来信，祝贺张璧当选为俄罗斯工程院外籍院士。

当笔者问张璧获得这么高的荣誉有什么感受时，他激动地说：

“我的童年生活是在贫苦中度过的，印象中没有吃饱、吃够的时候，和我一样，老百姓都是这样生活的。当我能用科研成就在世界科学舞台上为我国争得一席之地时，‘俄罗斯工程院外籍院士’也好，‘国际生产工程科学院院士’也好，‘全球前 2% 顶尖科学家’也好，‘国际先进材料协会科学家奖’也好，我头脑里首先想到的是祖国，心中升起的是五星红旗，为中国人赢得了尊严，我有一种中华民族屹立于世界民族之林的自豪感。

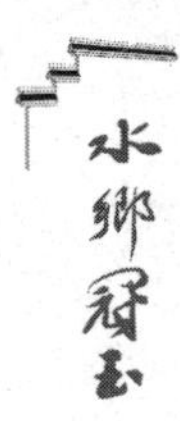

我不是一个骄傲的人，但为此，我却感到骄傲，感到自豪！”

张璧为什么能取得如此惊人的成就？纵观他的人生经历，他的成才是由多种因素综合作用而成的。

首先是贯穿他一生的悯农情结和对机械制造事业的强烈使命感以及为之奋斗的无私奉献精神。

从参加生产劳动起，他就下定决心，将来要改变农民种田方式，走农业机械化的道路。后来随着阅历的丰富、国家农业机械化逐步实现，他有了更高远的目标——做一个精密制造方面的专家。后来的事实证明他做到了，而且做得很好。

他是中国农民的儿子，他热爱故土，热爱祖国。为了学到更多、更高的本领，他像蝉一样蛰伏数年，一旦生长成熟，便羽化出土，居高而声远。在日本六年，在美国二十年，他终于取得了“真经”。

在学术研究和教育教学方面，张璧具有默默奉献的精神。他热爱教育事业，为此倾注了大量的心血。他认为“要成才，先成人”，因而十分关心青年教师、学生的思想品德，教育他们树立为中华崛起而读书的思想。

他从美国回国之前，学校领导竭力挽留：在这里言论自由，待遇优厚，生活、工作环境很好。说了一大堆好处，无非是让他留下为美国效力。张璧婉言谢绝：“正因为我的国家暂时落后，所以我更要回去，国家兴亡，匹夫有责啊！”对方连连点头，无言以对。

其次，在学习与科研中，他发扬了雷锋的“钉子”精神，有一股挤劲和钻劲，从来不把时间花费在不该花的地方。

上小学时，老师就相信他是一块没有雕琢的“水乡冠玉”，将来一定会大有作为。老师让他提前入学，让他跨级，盼他早日成才；到了中学，他的学习成绩始终名列前茅，尽管在那个特殊的年代，“读书无用论”盛行，大多数同学都无心学习甚至考试交白卷。张璧虽然也交过一次白卷，但那是他一时糊涂，后来为此事还经常自责。

当大家都在打牌玩耍、豪掷青春时光时，张璧却有自己的想法，要利用现在大把的时间积极锻炼，储备健康。他相信，总有一天，建设祖国时会需要自己有一副强健的体魄。

大学里，他从英语全班倒数，到全校英语竞赛第一名；留学时，他从日语没有什么基础到讲一口地道的日语，以至于人们都认为他是日本人；大学毕业时，他获得全校唯一的公派留学生的名额……这一切的背后，都是基于张璧付出了常人难以想象的代价和心血。

在担任教育部特聘教授，同时担任科技部国家高级磨削工程技术研究中心总工程师之际，他努力实施大学与企业的深度合作，理论联系实际，反复试验研究，终于设计制造了中国第一台线速度超过 300 米 / 秒的超高速磨床。在上海工作时，他骑自行车几乎走遍上海，主动寻求与企业的合作，为企业的发展提供技术指导。

再次，是他从小就具有的穷则思变、大胆探索的精神。

张璧成长于一个贫穷的水乡村庄，新中国成立前，那里是

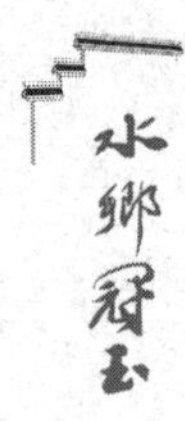

个“四不管”的地带，土匪出没，兵痞肆虐，百姓生活贫困，民不聊生；新中国成立后，老百姓才过上比较安宁的生活。虽然父亲是村书记，但张璧也总是吃不饱肚子。

怎样才能改变农村落后的面貌呢？他知道，知识才能改变命运，改变自己的命运，改变穷人的命运。于是他就拼命学习，即使在十年浩劫中学风最差的时候，他也没有停止过学习。

张璧从小就是“王大胆”，天不怕，地不怕。一个人敢在黑灯瞎火的村庄野田步行十几里，从不惧怕。后来远渡重洋去日本和美国，更浑身是胆。因为他有大无畏的精神，一心想出去走走，看看外面精彩的世界。

最后，不得不承认，张璧天资聪颖，对机械工程也有特异的领悟能力。

上小学时，老师的旧闹钟，他能拆下又装起来。那可是要一定的技巧和记忆的，不用说那么多大大小小的螺丝、零件，就是安装那根弹簧都要费事劳神，稍不注意就会前功尽弃从头再来。全村第一台手扶拖拉机买回来，人们看到这么大的铁家伙，束手无策。他却捣鼓捣鼓，竟然开起来了。学了几个月的日语，竟然能流利地掌握并能初步与人交谈。

当有人说他天资聪颖时，他却摇摇头不予承认。他说：

“我哪里比别人聪明啊？上小学时，薛根林比我数学好，我觉得他比我聪明，可他却自己不愿意上高中，耽误了一个数学人才呀；上中学时，巫平比我语文好；上大学时，吴国林的数学比我好。爱迪生说过：天才是百分之一的灵感，再加上百分之九十九的汗水。鲁迅也说过，‘哪里有天才，我是把别人喝咖啡的时间都用在写作上了。’我也一样，只不过是一步一个脚印、脚踏实地地不停歇地走着，走的路比别人多而已。”

桃李不言，下自成蹊。张璧诲人不倦，默默耕耘，赢得了学生们的尊敬和爱戴。几年前，在张璧60大寿之际，他的学生想方设法组织了一本《张璧论文集》。拿到这本论文集，他格外高兴，仿佛抱着自己心爱的孩子。全书共收集60篇论文，寓意60周岁。除序言是中文外，其余则是英文和日文。论文是从他已发表的200多篇文章中精选的。这本论文集的面世让世界各国科技界，尤其是国内精密机械制造方面的科研工作者、学生，对这方面有了一个全面而深刻的了解，对世界精密制造行业也是一份贡献。

“春蚕到死丝方尽，人至期颐亦不休，一息尚存须努力，留作青年好范畴。”他把吴玉章老人的这首自勉诗当作自己的座右铭，将它抄在笔记本扉页，铭记在心里，时刻激励着自己，生命不息、战斗不止，为青年学子树立榜样。

虽年过花甲，但张璧仍和年轻学者们战斗在一起，忙碌在第一线，一刻都没有停止过。张璧最近在做两方面的研究：

一是超高速精密机床装备及其加工工艺与技术研究。该研究将给高效率、高质量加工带来一场突破性的解决方案。超高速精密机床装备及其加工工艺与技术将以加工线速度达到500米/秒（全世界最高）的技术领先全球，为实现我国在精密制造高端机床装备方面弯道超车提供助力。

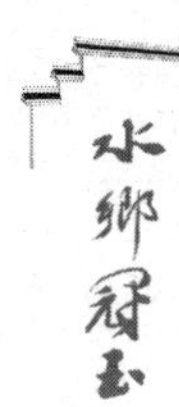

二是3D打印高端刀具研究。采用3D打印技术将梯度复合材料（陶瓷增强金属基复合材料）打印在刀刃部位，将“好钢用在刀刃上”“削铁如泥”的传统说法变成现实，大大提高刀具的使用寿命与加工质量，降低刀具成本，实现对我国高端刀具的进口替代。

当前，我国正处在一个科技创新大周期的起点，他热切希望中国的年轻一代发扬艰苦奋斗、勇于开拓的精神，勇立潮头，奋发有为。我们完全有理由相信，有千千万万个像张璧一样满溢爱国情怀的科学家，中国必将掌握高新的工艺技术，中国必将领先于全球，中华民族必将傲然屹立于世界民族之林。

卤汀之畔，璞石无光，千年磨砺，温润有方。张璧，这块温润的“水乡冠玉”，历经千磨万琢，一定会更加璀璨、更加耀眼。

附录

张璧大事年表

1957年9月7日　生于江苏省扬州市江都区小纪镇花彭村，乳名“五济”。村子原名花六庄，后并入花彭村。

1965年2月至1968年12月　花六庄小学读初小。

1969年2月至1969年12月　东葛小学读高小，五年级后跨过六年级，直接上初中。

1970年2月至1971年12月　西彭中学读初中。

1972年2月至1974年7月　吴堡中学读高中。

1974年8月至1976年8月　花六庄务农，其间曾短暂在花六小学做代课教师。

1976年9月至1977年12月　西彭中学任初中语文代课教师。

1977年11月　参加“文革”后恢复的首届高考。

1978年2月至1982年1月　镇江农机学院（现江苏大学）农业机械工程系，获学士学位。曾连续三年获得“三好学生”称号、全校英语大赛第一名。

1982年2月至1982年9月　大连外国语学院日语培训班，

强化学习日语。

1982年10月至1983年3月　日本东京工业大学机械工程系，公派留学生。

1983年4月至1988年3月　日本东京工业大学机械工程系，获硕士、博士学位。

1988年4月至1988年12月　日本电气公司（NEC）材料设计与开发研究中心，任实习工程师。

1989年1月至1990年5月　上海交通大学机械工程系，做博士后研究。其间在NAMRC上发表《陶瓷材料的单晶金刚石精密加工》等论文，受到美国俄克拉何马州立大学Ranga Komanduri教授的特别关注。

1990年6月至1992年8月　接受美国俄克拉何马州立大学Ranga Komanduri教授的邀请，做博士后研究员。

1992年8月至2013年12月　美国康涅狄格大学机械工程系，任助理教授、终身副教授以及终身正教授，同时兼任精密机床研究中心主任、本科教学主任、管理与制造工程学科主任等职。

1994年　获康涅狄格大学唯一推荐的“美国总统奖”候选人。

2000年　入选马奎斯“科学与工程”世界名人录。

2001年　获聘教育部特聘教授。

2001年至2009年　兼职教育部湖南大学特聘教授。

2003年　获康涅狄格大学“2003年度优秀教师奖”。

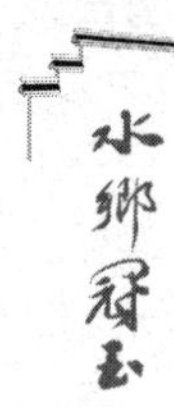

2008 年　获国际设计与制造前沿会议（ICFDM）“2008 年杰出贡献奖”。

2010 年　当选为国际生产工程科学院院士（CIRP FELLOW）。

2010 年　当选为美国机械工程师协会会士（ASME FELLOW）。

2013 年　获聘国家特聘专家。

2014 年 1 月至 2017 年 5 月　大连理工大学机械工程学院辽宁重大装备制造协同创新中心精密与特种加工团队负责人。

2017 年 6 月至现在　南方科技大学工学院副院长，机械与能源工程系讲席教授。

2019 年　获得广东省“珠江杰出人才”称号,《极端制造》国际期刊“杰出贡献奖”。

2019–2023 年　连续入选美国斯坦福大学“全球前 2% 顶尖科学家”终身榜单以及年度榜单。

2020 年 10 月　荣获国际先进材料协会科学家奖。

2023 年 12 月　当选俄罗斯工程院外籍院士。

工作以来发表学术论文 200 余篇，申请及授权中国、美国专利 40 余项，作国际国内学术会议大会报告、主题报告与特邀报告 100 余次，承担美国科学基金会、能源部和其他联邦机构、康涅狄格州政府、中国国家 863 项目、国家自然科学基金会项目以及企业合作项目共 70 余项。

我与张璧亦师亦友

前不久，我的老乡、乡土作家徐少平送来《水乡冠玉——张璧的故事》书稿，请给我些意见。这使我想起今年除夕张璧从深圳发来的问候：“祝王老师新春快乐，虎年吉祥！——您永远的学生张璧”。这书稿，这信息，蓦地打开我记忆的闸门，五十年前的情景清晰地浮现在眼前。

1971年春节刚过，我经过了扬州师范学院“红师班”为期六个月的师资培训，到离家七八里远的西彭中学任教初二班数学和物理（也代过语文课）。坐在教室前排的张璧十四五岁，年龄最小，个子不高。其时的我年轻气盛，讲课节奏快，大部分同学似懂非懂，唯有张璧领悟最快，作业完成也最好，对我也很尊重，引起我特别的好感。

次年春节后，他进入吴堡中学读高中。在进校的摸底考试中，西彭中学的学生数学成绩超过吴堡中学，张璧的成绩尤为突出，很快成了数学老师颜秉芝的得意门生。高中毕业后，他做过民办教师。恢复高考的消息传来，我们特别兴奋，知道改变命运的机遇来了。我俩虽不在同一所学校任教，但总是寻找机会在一起复习研讨，时常到深夜。他向我讨教物理，我详细地讲解，他悟性极高，又极勤奋，进步很快。他高考成绩优异，被录取到镇江农机学院，我很替他高兴。我虽然成绩突出，却因几句牢骚，被认定“政审不合格”未被录取。我既气愤又无奈，心灰意冷。张璧知道后，写信鼓励我，情感之真挚，言辞之恳切，让我重新燃起希望。天无绝人之路，第二年，国家调整政策，我又以高分被北京师范大学录取。

这以后，我和张璧亦师亦友，一南一北，经常联系，学习上互相研讨，生活上互相关心。后张璧因成绩拔尖，被国家保送赴日留学。学成回国后，入上海交通大学任教。有一次，他突然打来电话告诉我，美国一个大学邀请他去搞研究，想征求我的意见。他将我当成最值得信赖的朋友、师长，我也毫无保留地谈了自己的看法，建议到美国学习世界一流的科技，将来更好地报效祖国。他说，他和我想法完全一致，接受了邀请。

1998 年，我随扬州市教育考察团赴美，他开车四五个小时来新泽西州接我，去参观他所在的康涅狄格大学，到他家中做客，并给我精心准备了一沓美国教育方面的重要资料让我参考，又连夜送我回去。这样的深情厚谊，我怎能忘记呢?

张璧在美国期间，我们经常通信，一起分享生活中的喜怒哀乐。他数次表达想回国的心愿，尤其是 1999 年 5 月，我国驻南联盟大使馆被炸，他非常气愤，急切地想要回国，可国家让他继续留学深造，他感到无奈。我用勾践卧薪尝胆的历史故事开导他，他欣然接受。之后，张璧憋着一股劲，潜心搞科研，向世界科技高峰攀登。

2014 年，张璧终于回到祖国，在大连理工大学搞科研。工作稳定后，邀约我去。他向我介绍世界前沿的科技和自己的研究方向。张璧的雄心壮志让我感到由衷的高兴。

2017 年，张璧接受南方科技大学陈十一校长之邀，参加南科大筹建工作，担任该校工学院副院长、讲席教授。此时的张璧在国际精密制造领域已颇负盛名，工作更忙了，但是他还是邀请我去深圳，我们叙友情、谈乡情、抒豪情，相见甚欢。

国家乡村振兴战略让他十分振奋，他心系家乡，希望家乡的学子报考南科大。为此，他特地来我们江都中学宣讲。在与师生交流时，他的拳拳赤子之心、殷殷桑梓之情溢于言表。

最后要说说这部作品。少平与张璧同乡，是一个有历史使命感、有家乡情怀的乡土作家。应该说，他是很了解张璧的。看少平的作品好比是在聆听一曲扬州道情，亲切、熟悉、素朴、不虚夸、不做作，散发着浓浓的乡土气息。

他在作品中写道：樱花再美，终会凋零；自由女神再神圣，也不会给你真正的自由；母亲再丑，也是孩子心中的天使。飞机平稳降落在大连国际机场，海风吹在身上，是那样亲切、那样温柔。他深深地吸了一口气，哼起《我的中国心》：“流在心里的血，澎湃着中华的声音，就算生在他乡，也改变不了我的中国心……”这样富有诗意的文字，真实地反映了张璧回国的感受。没有谁比我更了解他的内心世界：外表沉稳平和，内心

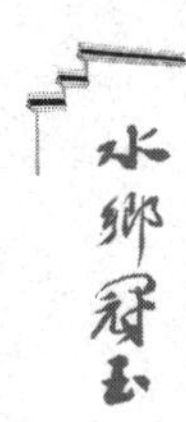

却报国心切。

张璧是水乡农民的儿子，也是农民的骄傲，更是青年学子的榜样。在此，我谨代表他曾经的任教老师以及他的同学，祝贺这本书的出版！感谢作者的辛勤付出，让我们比较全面地了解了一个草根农民的儿子成长为一个世界知名科学家的奋斗历程。

王春明，江苏扬州市人，1982年毕业于北京师范大学；曾主持创办江都建筑工程学校、江都工业学校，并任校长；曾任江都市教育局局长、江都区人大常委、办公室主任等职。

张璧印象

1995年是我参加工作的第二年。那年夏天的一天，我们到花六庄村入户走访，回去时夜已深，满天星斗，我们坐着一条挂桨机船返回。同行的老主任讲起了“张璧的故事”，说是花六庄这位年轻人很不简单，高中毕业后做了两年代课教师，后来通过自己的努力，已经考取了日本公派留学生。

夜很静，听着挂桨机“突突突”的声音，我陷入了深思：日本是个多么遥远的国度，不要说日本，我连县城都没去过几次。

那夜的星星是那样明亮，高深幽远，散发着清辉，在我心底，张璧就像满天星斗中的一颗，需要仰视。张璧的故事一直留在我的记忆里，他成了我那时的偶像。

我一直固执地认为他的名字是“张笔”，在方言中，“笔”读成去声。“张笔”也更符合我的想象，张笔就来，一挥而就，一支笔运用自如，才能取得如此学识。“张笔”如同武侠小说中的武林高手一样，不见其人，江湖却留有他的传说。

2018年10月，我到花彭村任支部书记，那时的花彭村与外界相通仅有一条宽3.5米的破烂不堪的水泥路，而且村里财务状况很糟糕，负债累累。穷则思变，我们村两委一班人凝聚一心，形成共识，下定决心要改变这样的状况，先后申报成功了花彭公路提档升级改造等几个项目，用来改变花彭村的“自古华山一条道”的现状。尽管上面有一定的项目资金，可村里的自筹资金需要80多万。钱从哪里来？村两委一商量，动了向乡贤集资的念头。

我抱着试试看的态度，打了张璧的电话，说明了村里的情况。他没有丝毫犹豫，当即表态先捐资一万元。这让我喜出望外，后来就加了他的微信，我们之间的交流也逐渐多了起来。

得知“五一”假日他将回乡探亲，我邀请他为我村的青年学子做一个讲座，用以激励村里的年轻人以他为榜样，能够取得优秀的学业，回归祖国。

“五四”青年节那天上午，他和夫人按时到了村里，那也是我第一次见他。我想象中的他应该是花白头发，戴副金丝眼镜，可结果完全出乎意料，他身着运动服，身材颀长，头发乌黑，面色红润，眼睛炯炯有神，看上去五十出头，心理年龄最多三十岁吧。尽管他留学国外多年，依旧乡音未改，交谈起来顿感亲切。巧的是，那天特邀的嘉宾主持正是本书者徐少平老师。那天听讲座的有近百人，有学生、节日回乡的青年，还有村里一些中老年人，大家济济一堂，只为一睹张璧的风采。

讲座结束之后，我们进行了交流，他对家乡的建设非常关心，当听说村里创建“江苏省特色田园乡村”时，非常高兴，提了不少中肯的建议。

2019 年 10 月，正在我们为村里修路资金着急时，张璧突然打电话给我，说为家乡修路再捐一万元，真是雪中送炭！我顿时百感交集，热泪盈眶。后来我才从他人口中得知，张璧的经济状况也不宽裕。他的再次捐助也给了我们工作上莫大的信心和动力。

2021 年清明节，张璧回乡祭祖，受到了小纪镇党委镇政府的邀请，为全镇的青年企业主、乡村优秀青年做了专题报告。他的讲座激发了在场年轻人的求知欲望，他们一个接一个举手提问，场上场下气氛热烈，爆发了一阵阵的掌声。

今年因工作繁忙，加之受新冠肺炎疫情影响，张璧没有回去，但他人在深圳，心系家乡，时常来电询问村里创建的情况，说家乡如果有需要，他会倾情相助。

张璧是从这片希望的田野上走出去的骄子，更是我们家乡的骄傲。正如作者所说，张璧是我们家乡一块温润的冠玉，将来一定会熠熠生辉、光芒四射。

翟荣梅，花六庄村村支书，

“奔跑在希望的田野上”公众号创办人

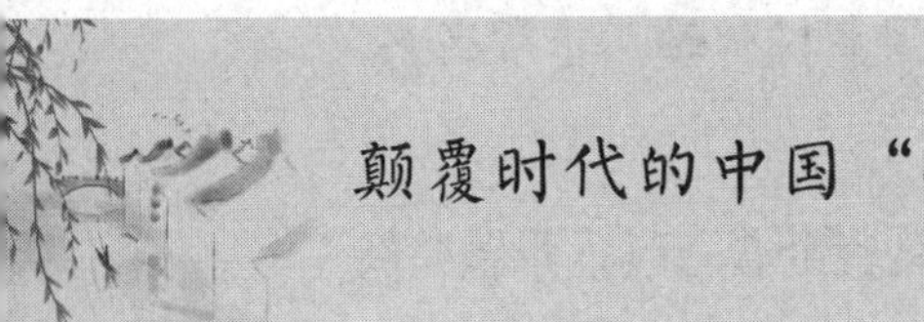

颠覆时代的中国“心”

——专访国家特聘专家、大连理工大学机械工程学院张璧教授

毋庸置疑，每个世界被颠覆之时，都要有超越传统的视角，远瞻千里，探求未来，尤其是当3D打印技术敲响第三次工业革命大门的这一刻，潘多拉魔盒已经打开，“不寻常”势必成为这个时代的核心主题。

然而，仍然让我们感到意外的是，这场颠覆性变革的中坚力量之一、国家特聘专家、大连理工大学机械工程学院张璧教授，不仅全力推进3D打印技术研究，还是活力四射的运动健将，甚至还拥有中医针灸师资格。爱好广泛，学贯中西，他与传统工科学者的刻板形象着实拉开了“颠覆性”距离。

问专业：3D打印能否应对国产大飞机研制之殇？

3D打印，绝对是这两年炙手可热的词语，专业人士也称其为增材制造，是指采用材料逐渐累加的方法制造实体零件的技术。放眼国际，这项被英国《经济学人》认为是“将推动实现第三次工业革命”的技术，早已引发了美国、欧洲诸国的激烈鏖战，“战火”从平常百姓的吃穿住用一直蔓延到了太空。美国前总统奥巴马曾经在国情咨文中提及一项重要举措，就是大力发展 3D 打印，重振美国制造业。也正是由于它是各国发展高端制造业的“必争之地”，张璧教授才下定决心，割舍在美国苦心经营二十余年的工作与生活，放弃康涅狄格大学机械工程系终身教授的优厚待遇，回国服务。

故事得从几年前说起。当“让国产大飞机翱翔蓝天”的梦想在国内被重提时，空客、波音几乎已成为垄断世界航空工业的两大巨人，而我们的航空工业体系还止步于“为他人作嫁衣”、提供零部件生产的低端环节。作为不亚于“两弹一星”和“载人航天”的重大科技项目，历程注定是艰难又曲折的。一时间，“中国缺乏飞机制造的核心技术，不得不从美国公司购买关键部件和系统”的流言甚嚣尘上。而事实上，其他国家基本不会转让航空工业领域的核心技术，我们必须靠自己的实力攻克难关。面对风起云涌的国际市场，国产大飞机项目早已超出了一款产品的含义，从诞生之日起，就承载着国家意志、民族希望以及促进产业升级等诸多期许。

而此时，金属材料增材制造技术也在航空制造业中显露出了其独特的优势，在加工力学、精密磨削、精密设计与制造等研究领域积累了丰富经验的张璧教授，眼见祖国面临着发动机研制、人才培养等重重挑战，暗自思虑：“飞机里面最重要的是发动机，飞机大了，对发动机本身的要求就会更高。因为发动机相当于它的心脏，心脏一定要很强才能保证足够动力与安全性。我如果能够回国帮国家出一点力，哪怕是很小的一点，也许就能够把大飞机往前推一下。发动机如果能够做好，大飞机项目就好解决了，即使得不到解决，也能向前迈出很重要的一步。”

怀揣着这颗赤子之心，张璧教授回到了国内，瞄准3D打印技术在航空发动机上的应用，特别是金属材料的打印，开始了增材减材复合制造研究。

增材制造在复杂零件个性化生产中具有高度的灵活性与效率、成本优势。然而，打印出来的零件形状复杂，后续加工尤其是内部结构（如内腔、内孔、流道等）加工极其困难，甚至无法实现。因此，增材制造如果没有与之相匹配的减材加工，其实用性将会受到严重影响。与此相应，减材加工技术主要指通过传统的切削加工等技术去除材料，给予增材制造零件所需的几何尺寸精度与表面光洁度。

增材减材复合制造技术的提出就是为了弥补增材制造的这一不足。该技术充分发挥增材制造在复杂形状零件快速制造方面的强大优势，在增材制造的过程中引入减材加工，增材过程与减材过程交替进行，直至零（部）件加工完成。该技术有效改善了单纯增材制造零件的尺寸精度及表面质量，使复杂形状的零件达到最终的使用要求。此外，该技术大大减少了减材加工中的材料去除量，提高了零件的成形效率，大幅度降低了制造成本与周期。此外，在增材减材复合制造过程中，还有许多基础与应用问题需要研究与探索，包括增材与减材耦合所产生的新问题与新挑战，如增材减材过程中的温度场分布及温度梯度，以及对制造零件性能及精度的影响。这些问题的研究与解决，对于增材减材复合制造机床的研制乃至增材减材复合制造技术的研究与应用前景，都具有重要的推动意义。

“航空发动机的性能要求非常高，能应用到发动机上的材料用于其他地方大概都不会有什么大问题。传统的 3D 打印技术打印出来的东西是毛坯，所谓毛坯，就是它表面粗糙，而且形状与尺寸精度不一定能达到要求。另外，譬如它有孔，跟其他零件之间配合也难做好，因为打印得粗糙，精度也不行。而我们目前的研究方向是尽可能早一点把 3D 打印推向实用化，提高材料的性能，包括各种精度指标、材料性能指标等。”

提及目前的研究方向，张璧教授介绍说：“我们的研究方向跟国家的需求方向比较吻合，因此也很受重视。目前，我们大连理工大学联合几家单位，正在开发国内第一台把 3D 打印跟精密加工结合起来的设备，用它打印的东西，出来的是成品而不是毛坯，能够完全达到需求的精度。在打印的过程中，增材与减材加工两者交替进行，不但零件的外部可以打印出来，零件的内部结构，包括流道、内孔，也都已经加工好了。这些内部流道、内腔内孔、内部结构，等你打印出来再去加工就可能没机会了，因为减材加工工具无法到达待加工区域。所以必须在它完成之前，加工一部分，打印一部分，再加工一部分，打印一部分。反复交替之后，打印完成，里面的加工也就都已经完成了。这样的东西才能真正应用于制造产业。”

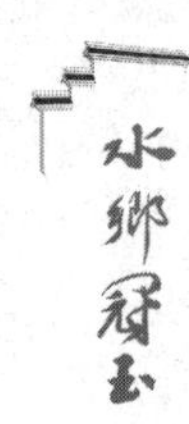

问学科：现有模式能否实现科研价值的最大化？

作为“文革”后的第一批大学生，张璧教授的发展轨迹一直与国内外一流大学紧密相连。大学毕业时，正值国家选拔公派留学生，全国机械制造专业仅有5个名额。凭借优异的专业成绩，张璧顺利通过选拔，进入了东京工业大学，几年之后博士毕业，先后在上海交通大学和美国俄克拉何马州立大学进行博士后研究。1992年，张璧进入美国康涅狄格大学任职，成为该校华裔机械工程系终身教授第一人。

几十年来，对各国科研体系的深入体会为他进入大连理工大学后成为学科带头人提供了先天优势。除了在国家和学校的指引下进一步凝练学科方向，张璧教授目前正在有层次、有步骤地组建团队：“组建还没有完成。3D打印是以激光和粉末烧结技术为基础的分层制造技术，我们需要从源头做起，首先要有3个研究材料的教授，主要做粉末相关研究，比较有特色；同时有研究激光的、有搞增材制造的教授，还有搞精密加工研究的，这就是大连理工大学的强项了。中间过程因为牵涉到好多力学问题需要解决，所以还要有搞力学研究的。由于3D打印过程中有烧结过程、温度场分析跟热应力计算，包括烧结过程都需要分析、研究，而这方面是我们的一个短板，所以最近在积极招人，比如有个华人，在英国帝国理工大学获得博士学位后又做了两年多博士后研究，是搞传热与温度场分析研究的，能够把我们的缺陷补足，目前已被大连理工大学引进加入我们的增材减材复合制造研究团队。另外，我们还需要控制方面研究的成员。所以，团队涉及的领域很广，需要各个方向的科研人才加入。”

机床、精密加工、精密制造已经是很宽泛的研究范围了，再把激光和3D打印加入进来，牵涉面就更广了，如果缺乏胆略和勇识而贸然组建这么一个团队，注定是不可能完成的任务。在张璧教授看来，一个高效率的研究团队，不仅需要一个卓越的掌舵人，更需要共同的理念作基础。“在美国，如果组建团队的话，一定要大家自愿集合才行，这样更容易出成效。所以我们现在吸取了这种经验。首先，这些教授有参与项目的意愿，然后我会告诉他们我需要什么样的人、干什么方向，在这个基础上，大家自愿结合，才能成为一个稳固的团队。”

大连理工大学踏实的学术氛围与坚实的专业基础是其开展增材减材复合制造研究的先天基因，张璧教授介绍说：“学校对我们的研究方向很重视，郭东明校长本身也是搞制造出身的，了解这个项目的价值。他也认为，3D打印尤其是金属材料的出路，就在于一定要减材加工，而且不能等打印出来再加工。同时，不管硬件还是软件，大连理工在制造领域都有扎实的基础。它的硬件条件也非常好，设备都很齐全；而软件方面，除了学校的支持，还有一大批非常能干的教授，是各自研究领域的佼佼者。遇到难以解决的问题，我们讨论一下，项目就能顺畅地推进下去。除此之外，我们跟其他机构也有一些合作，相互之间就可以取长补短，大家一起来把事情做好，把项目落到实处。”

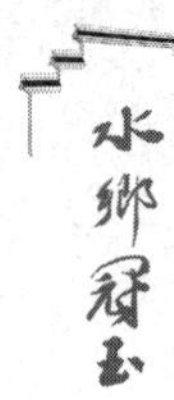

在美国工作的二十多年中，张璧教授教过一大批本科生与研究生。2001 年开始，他还在湖南大学做了八年的“教育部特聘教授”，也带出了不少学生，可以说是桃李满天下了。所以，现在无论是参观访问还是项目合作，经常会有人主动打招呼，自我介绍是他的学生，是哪一年、在哪儿读书的。然而，多年来的工作体会、与学生和同事的互动，都让张璧教授对近年来大学“重创收轻教学、重外延建设轻内涵发展”的现象十分担忧。

从事学术研究本来就是相对孤独的工作，默默无闻是绝大多数科研工作者的常态，任何项目的突破都存在着相当大的不确定性，教学和研究无法保证人人都能成名成家，成功者毕竟只是少数。而在入世精神的刺激下，有一些年轻教授心中的天平因而失衡，会倾向于用更多精力去换取即时的利益，反而忽视了学术的根本，张璧教授十分不认同这一点：“大学应该以培养人才为主，培养人才就是说要重视基础性的东西。老师、教授以学生为重，因为学生是你的服务对象。那么该怎么培养学生？我们叫发明创造，本来这个世界上没有这个东西，我们不了解这方面的知识，就要通过我们的研究、劳动，把它创造出来。这个创造的过程，一定是老师投入精力跟学生一起来做。早在 2001 年前后，我就了解到国内有一些教授开始办公司。虽然可能有不少人不赞同我的想法，但我觉得大学就是大学，大学就是搞研究的。培养学生、让学生能够学到应有的知识，这才是我们的正道。”

“有的时候，我看到国内一些年轻人，花了很多的时间和精力考虑‘影响因子’，我觉得这也是走偏了。为了晋升副教授、教授，你需要整天考虑怎么提高考核数字，想方设法去申请经费，投入了大量的时间，反而把精力都消耗了。尽管是一个个专利堆起来的，但从不思考有什么实用性，更没有时间搞特色研究和原创研究，这样走下去就是本末倒置了，我认为这种方式很难取得真正有水平的成果。怎么能够让大家都静下心来，不受干扰地做学问、搞研究，这是我们国家面临的重大课题。”

说起学科建设，张璧教授考虑更多的还是如何培养人才：“除了自己的团队，还要培养更多的年轻教师以及学生，包括博士生和硕士生。为此，我们准备加强国际教育。目前正在跟美国有关学校讨论这个问题，首先准备把美国的学生引入大连理工大学来，与我们自己的学生一起由国外回来的这些教授进行英语授课。同时，争取和多所美国高校达成双向交流的合作模式。”目前中国高校的国际交流，尤其是理工科专业，大多数还停留在单向交流层面，即国内派学生和年轻教师到国外去学习历练。张璧教授则主张，国际交流不能是单方向的，不能光是我们派学生到国外去，国外的学生也应该有到中国来的契机。“我们的校长一直在规划怎么把国际交流做得更好。如果能把美国学生引入中国，上我们的课程，参与我们的科研，这样相互之间都有一些交叉。现在我们有条件了，从国外回来的这些教授，研究与授课的水平一定是可以得到对方认可的。随着

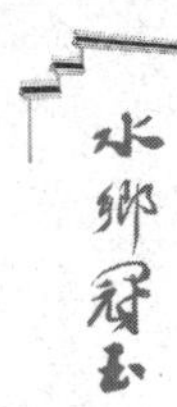

中国的发展，越来越多的留学生会来到中国，共同学习和研究对双方都是很大的促进，会更加有活力，我们也能更好地与国际接轨。”

问工作：废寝忘食、事无巨细是更高效的方式吗？

传统的工科学者常给人不苟言笑、木讷刻板的印象，而张璧教授完全不在此列。大连理工大学的很多师生对他的评价都是“爱好广泛、活力四射”。

在美国，张璧教授每个周末都坚持骑自行车，每次至少三十公里。现在回到国内，他的主要运动方式就是游泳，不只自己运动，还动员大家一起去。他常开玩笑说：“大连理工大学如果搞一个铁人三项，跑步、骑车、游泳，我肯定参加，可能还要得名次。很多同事跟我去游泳，但是在业余选手中，我很难遇到对手。”

与其他教授不同，他不支持学生没日没夜地学习、工作：“我更赞成劳逸结合。譬如每天去运动的时间是不能少的，事情再多，去运动应该是雷打不动的，就像每天吃饭一样。运动之后，大脑清醒了，效率就提高了。如果从早干到晚不休息，大脑糊里糊涂的，效率也不高。”

有同事说起，上研究生的课持续站两个小时觉得很累，张璧教授就拉着对方一起去游泳，一段时间以后，同事感慨地说：“张老师，我跟以前确实不一样了。以前经常头疼，现在没有了，别说两个小时，你让我再多讲两个小时课，我都没有问题。”

除了运动，张璧教授还痴迷于中医，不但持有中医针灸师的资格证，在美国时还定期为大家义诊。他笑着说："你跟我讲身体经络啊，五脏六腑啊，我肯定有的讲了。"在他看来，调理身体、保持健康是对事业的有益补充，"高校里面有一个普遍的现象，很多教授都太劳累。而在我看来，如果工作中过度疲劳的话，效率其实就会下降。我们得从长远考虑，假如说一个教授有效的工作时间是六十五岁，如果由于身体因素，六十岁或五十五岁以后你的精力就无法支撑了，那有效工作时间就下降了。我认识的几个教授，经常腰疼得爬不起来，有的床都上不去，躺在地板上。如果及早把这个时间用来运动、调理身体，他们的生活质量和工作效率都会大大提高，能够创造更大的价值。"

而在教学和科研中，张璧教授也不赞成"事无巨细"的管理模式。"我只会规划一个大致方向，具体的还需要你自己去探索，如果对方什么都听你的，其实就失去了发挥的余地。你需要我来帮忙，我给你提供一些参考意见、指导一下。比如这个做得不错，但是如果这个地方改成那个样子，可能更好一些，你自己去考虑——这是我认为的更好的模式，大家都能充分施展自己的才能。"

问未来：3D 打印究竟如何颠覆"世界"？

有了天时、地利、人和，张璧教授对增材减材复合制造的未来充满信心。他说："过去谈到 3D 打印机，很多人都说产品的材料性能不行。走到现在，金属材料，尤其那些高温合金材料，已经取得了突破，增材减材复合制造可以为未来提供无限的可能了。五年、十年，顶多十五年，我们就可以用3D打印颠覆上百年、上千年的制造工艺了。未来，一台打印机就像现在的一台机床。我们再也不需要传统的仓库来储藏各种各样的钢材块料、管材，只要有作为材料的粉末就够了。去4S店修车，哪个零件坏了，把它的CAD图纸传输到打印机上，马上可以打出一个零件；我们的航母出海执行任务，一去一两个月，几个零件坏了，直接打印出来，在海上就已经能妥善地解决问题了。”

从减材制造到3D打印，从人才的“走出去”到“走回来”，折射出了一个时代的起承转合。不久的将来，颠覆将从航空制造一直延伸到吃穿住用，我们的认知、技能、生活方式将被频繁地刷新和重塑。

抵达这里，学者张璧依靠着自己信念与专业实力，成为驱动时代发展的中坚力量。而再次出发，中国制造，一定能为这场时代变革开拓更广阔的行业格局。

《科学中国人》记者 黄健

张璧：从乡村“泥腿子”到国际知名科学家

正带领科研团队攀登“世界之最”

他于1993年被美国康涅狄格大学推荐为“美国总统奖”候选人；他是2020年度“国际先进材料学会科学家奖”获得者，当年全球共有四名科学家获此殊荣……他就是南方科技大学工学院副院长、讲席教授张璧教授，也是从扬州小纪镇走出去的国际知名学者。

如今，年逾花甲的张璧仍在致力于科技研发，攻克世界级难题。记者获悉，张璧正带领科研团队进行超高速精密机床装备及其加工工艺与技术的研究，加工线速度高达500米/秒，堪称世界之最；同时，张璧团队正在进行的3D打印高端刀具研究，将实现我国高端刀具的进口替代。

“是家乡这片温厚而敦良的土地养育了我，我一定要为家乡建设多作贡献。”在接受记者采访时，张璧流露出了浓浓的故乡情结。

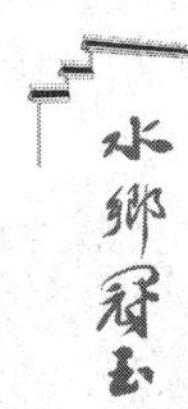

高中毕业后务农，制出村里第一台“拉秧车”

20世纪50年代，张璧出生在扬州小纪镇一个形似凤凰的美丽水乡花六庄。他从小聪明好学，五六岁还没到上学的年龄，就常偷偷溜到学校听老师上课。一次，老师叫学生回答一道数学题，全班无一人会做，在窗外偷听的张璧脱口说出答案，这让老师深感惊奇，破例让他跟班读书。

高中毕业后，张璧与大学失之交臂，回乡务农。农村里的活计繁而杂，大大小小不下百种：沤田、耙地、破垡、抬泥、挖墒、割稻、罱泥、挑粪、拾棉花、踏水车、打甘蔗叶……所有农活全是人工。两年多的时间里，张璧学会了几乎所有的农活。在做农活的间隙，张璧望着茫茫的田野，时常叹息唏嘘：农活多么艰难，中国农民是世界上最能吃苦的呀！

又到插秧季节，他受雪橇滑板的启发，经过观察实践，自己动手制作了村里第一台“拉秧车”。车子一拉到田里便引来一阵好奇，这下可省去挑秧的痛苦了。每到这时节，拉秧车总能派上用场，张璧乐此不疲。这一做法让他深受启迪，何不用机械来代替人工劳动？从此时起，张璧就开始思考这个问题。后来，张璧到西彭学校做起了民办代课教师，教初中语文。教学之余，他时常阅读报纸杂志，了解科技信息，尤其对“三机一泵”着迷，更深地思考着农业的出路。1977年秋，国家恢复了中断11年的高考。听到这个消息，张璧兴奋得好几个晚上睡不着觉。然而，离考试只有一个月的时间了。张璧白天忙代课，晚上复习备考。《高中代数》这本书找不到，就向同学借，然而同学的书也是借来的，期限 3 天。为此，张璧与同学协商，就借一个晚上，他通宵达旦地读完了此书。

立志用机械让农民脱离苦海，曾被康涅狄格大学推荐为“美国总统奖”候选人

1977 年 12 月 11 日，是张璧终生难忘的一天。他脱去一身“泥制服”，换上干净的衣衫，满怀信心地走进考场，用他长满老茧的双手握着那支沉甸甸的笔，开始书写自己的人生。

第一届高考是先填志愿再考试。凭张璧的实力，同事觉得他上南大、交大没问题，张璧向同事谈了自己的想法：“我家祖祖辈辈是农民，我从小和泥土打交道，不停干农活，农民太苦了。我要报考农校，将来机械化种田，让农民脱离苦海。”初考时，张璧名列所属考区第一名，复考成绩超出重点高校的录取分数线许多，被“镇江农机学院”录取为农业机械专业，圆了他多年的农机梦。走进高等学府的张璧，每次考试的成绩在班上总是名列前茅，同学们戏称他为“农机学霸”。

大学毕业时，张璧被浙江大学录取为国家首批公派留学生，同年 10 月，他受教育部派遣，前往日本东京工业大学攻读硕士和博士学位。

1988 年 3 月，张璧获得博士学位，进入上海交通大学工作。在交大期间，张璧潜心科研，在国际权威杂志上发表了多篇论文，吸引了世界知名学者 Komanduri 教授的特别关注。Komanduri 教授特别邀请张璧赴美国进行合作研究。为了进一步提升自身科研能力，张璧欣然接受了邀请，于1990年赴美国俄克拉何马州立大学，从事两年的博士后研究工作。其后又受邀到美国康涅狄格大学担任教授，进入全球最大的磨削研究中心做教学研究工作。

每次回到村里就像个地道农民

张璧心中有一个永远的遗憾。1982年赴日本留学时，他知道日本的精密机械全球领先，经过认真的调查了解，他选择了日本机械工程最好的大学——日本东京工业大学，报考“工作机械”专业，哪知道，他被录取到该校“机械工作”专业。学了一段时间后，他发现了问题：“机械工作”与“工作机械”内容大相径庭。提起这件事，张璧不无遗憾地说：如果当初学“工作机械”，我一定会让我国的精密机械制造技术站在世界最前沿。带着这样的遗憾，在以后的学习中，张璧更加发愤图强，时刻关注国家的科技进步。

2001年至2009年期间，张璧担任教育部特聘教授，同时担任科技部国家高效磨削工程技术研究中心总工程师，设计制造了中国第一台线速度超过300米/秒的超高速磨床。从2013年起，张璧在大连理工大学工作，担任国家特聘教授。2017年，张璧受聘于南方科技大学，任该校讲席教授、工学院副院长。如今，张璧正在带领南科大团队设计制造线速度超过500米/秒的超高速磨床，瞄准全球第一，为世界性的难题——加工材料高效精密加工提供解决方案……

“他从小就是我们的偶像，我们一直以他为学习榜样，他是我们家乡人的骄傲。”与张璧同乡的小纪镇吴堡小学原副校长徐少平介绍，功成名就的张璧并没有知名学者的架子，每次回到村里，就像一个地道的农民，与老百姓交谈，关注家乡的发展，他用自己的亲身经历教育青年学子好好学习，“他常说，读万卷书，还要走万里路。鼓励青年学子出去走走，多看看，见多识广”。

《扬州晚报》通讯员 徐少平　记者 王蓉

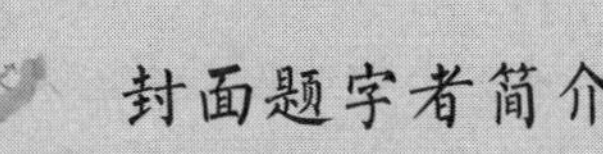

封面题字者简介

徐瑞图，1954年出生于江苏泰州市。祖籍江都区小纪镇花彭村（新中国成立前隶属泰县港口区吉彭乡），其祖父徐景荣（本书作者的堂伯父），地方名士，清末科举监生。

1970年，徐瑞图到苏北农村插队，1973年被聘为当地中学高中语文民办老师，任教5年。1978年年初作为恢复高考后首批大学生进入中国冶金工业著名学府北京钢铁学院（现名北京科技大学）学习，历经十年寒窗，于1988年被北京科技大学授予工学博士学位，为我国实行博士学位授予制度后首批博士学位获得者之一。1988年毕业后到国家科委中国科学技术促进会从事国际科技交流工作，于1994年下海自主创业，设立北京瑞尔非金属材料有限公司。现任北京瑞尔非金属材料集团董事长、北京科技大学兼职教授，2000年被评为安徽省技术领军人才。

徐瑞图自幼随外公程法先生（民国时期江苏著名书法家）学习书法，加之父兄均擅翰墨，一路指引，徐瑞图打下了厚实的书法功底。2000 年起，他入中国人民大学徐悲鸿艺术学院书法高研班学习 3 年，经名师指导，加以不断研习，书法颇有造诣。其作品多次入展国内诸多大型书法展览。目前，系北京市书法家协会会员、鸿达书社社员、北京海峡两岸书画家联谊会副会长。

作者简介

徐少平，20 世纪 60 年代初出生于里下河一古村落，1981 年泰兴师范学校毕业。中共党员，高级教师，市级作协、诗协、历史学会会员，《泰州晚报》评报员，扬州市区“最美慈善之星”获得者。2017 年起，陆续在各级各类报刊、公众号发表散文五百多篇，出版有散文集《从前的美》。

后　记

我从小最羡慕、敬佩的人，就是科学家。能将原子弹成功爆炸的钱学森，能将石油从地球深处开发出来的李四光，能给黑夜带来璀璨光明的爱迪生……一个个都远在天边，遥不可及。

花彭村是我的衣胞地，由原花六、葛家、东彭三个古村落合并而成。并村后不久，翟荣梅出任村支书。她是个颇有抱负的人，创办的公众号“奔跑在希望的田野上”很红火，常托我写稿。

前年，村子创江苏省“特色田园村”“传统文化村落”，要树立典型，宣传家乡。她告诉我：张璧是世界知名的科学家，在精密制造领域属于世界顶尖级别的。我一听吃惊不小，对如此名人，我竟还停留在儿时的记忆里。

彼时，他父亲是花六村支书，我父亲是葛家巷会计，二人相处很好，父亲带我去他家玩过。其时的张璧，高高的个子，黝黑的皮肤，眼睛特有神，常穿着中山装，上衣口袋里别着两支笔，一般人只别一支。村里人都叫他“五济”，至于“璧”字

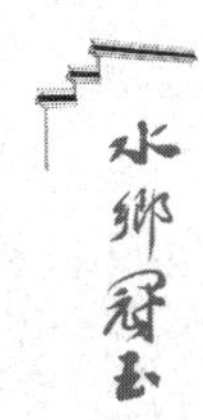

怎么写，我并不清楚，以为是“张鳖”——乡村里捕捉甲鱼的一种方法。后来听说他是我们乡恢复高考后考取重点大学的三人之一，也是我们村唯一的一个。

回村时，我们也偶尔相遇过，聊的时间不长，只知道他在外国留过学。

2017 年，我退居二线，有了时间后经常受邀去村里参加一些活动。2018 年“五四”青年节，趁张璧回乡之际，村里邀请他为本地的青年学生做一场励志报告，邀我主持活动。那次报告会的主题是《男儿立志出乡关》，年轻的学生、村干部、村民、他的同学、朋友，近百人参加了活动。他介绍了南方科技大学的概况、当今世界科技发展的新形势，希望同学们多到外面看看，拓宽视野，认真学习，报效祖国。我被张璧渊博的学识、坦诚的态度所折服，打心眼里尊敬他。

后来，他回来过几次，去镇政府做报告，去企业走访，我都陪同着，闲暇时和他聊工作、聊学习、聊锻炼、聊中医、聊农机，对他有了初步的了解。我想，他出身于一个普通的农村家庭，这么多年潜心学习研究，取得如此大的成就，却十分低调内敛，不正像深埋在水乡泥土里的一块“冠玉”吗？

为了更深地了解张璧，我特地去深圳南方科技大学拜访时为工学院副院长的张璧教授，他在繁忙的工作中热情接待了我。校园里陈列着他的研究成果、获得的荣誉，实验室里摆着高端的实验器材……我惊呼：原来科学家近在眼前。

从深圳回来，我写了一篇报道，在《扬州晚报》刊出。编辑同样惊讶，发微信给我：扬州有这么一个科学家，应该好好宣传，你是他的同乡，你写最合适。

确实，深圳之行，张璧的人生经历、奋斗征程深深打动了我，支书的嘱托、编辑的鼓励给了我写作的勇气和信心。从那以后，我心无旁骛，多次与张璧电话沟通，进行“微采访”；数次去村里走访他的邻居、“发小”、村干部，走访他的学生、同学、老师。我秉承的理念是：尽可能多地搜集第一手资料，以生平活动时间为主线，再现张璧独具魅力、追求科学的传奇人生，不虚饰，不夸大，不灌输大道理，通过一个个小故事，让人物自身的经历感动人。略感遗憾的是，由于张璧研究工作的特殊性，有些事迹和成就不便公开宣传。

当初稿完成后，我发给张璧征求意见，他阅读书稿后，提出了许多修改意见，补充了许多照片和材料，为本书增色不少。

在落笔之际，我有诸多谢意：

感谢在采访过程中给予大力支持的乡亲、朋友们；

感谢大连理工大学校长、中国工程院院士郭东明先生在百忙之中抽出时间为本书作序；

感谢陈跃红教授、樊荣茂先生、王春明先生既提出意见又为本书作序和跋；

感谢乡贤、著名企业家、书法家徐瑞图董事长为本书题写封面；

感谢翟荣梅女士对本书自始至终的关心和支持。

当然，最想感谢的还是张璧教授，在百忙之中接受我的采

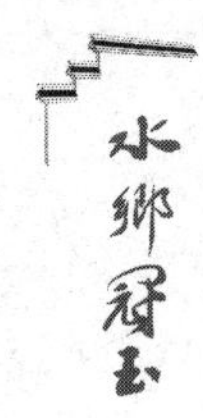

访。更重要的是，在倾听他人生故事的过程中，他身上所体现出的那种忧国忧民、立志报国的情怀，深深地感染了我，让我不得不动笔抒写。

本书的出版旨在为读者朋友，特别是大学生、研究生、广大青少年，提供一本热爱祖国家乡、勇于开拓创新的生动教材，让后来者有一个站在智者肩上看世界的机缘。

因本人才疏学浅，认识水平有限，书中谬误疏漏之处在所难免，敬请读者批评指正。

作者

2022 年 3 月

图书在版编目（CIP）数据

水乡冠玉 / 徐少平著. -- 北京：华夏出版社有限公司, 2024.7

ISBN 978-7-5222-0411-6

Ⅰ. ①水… Ⅱ. ①徐… Ⅲ. ①张璧－事迹 Ⅳ. ①K825.46

中国版本图书馆 CIP 数据核字(2022)第 166742 号

水乡冠玉

作　　者　徐少平
责任编辑　马　颖
责任印制　刘　洋

出版发行　华夏出版社有限公司
经　　销　新华书店
印　　刷　三河市万龙印装有限公司
装　　订　三河市万龙印装有限公司
版　　次　2024 年 7 月北京第 1 版　　2024 年 7 月北京第 1 次印刷
开　　本　880×1230　1/32 开
彩　　插　14 页
印　　张　7.25
字　　数　110 千字
定　　价　59.80 元

华夏出版社有限公司　地址：北京市东直门外香河园北里 4 号　邮编：100028
网址：www.hxph.com.cn　电话：(010)64663331(转)
若发现本版图书有印装质量问题，请与我社营销中心联系调换。